Joseph Overath / **Dem Bräutigam entgegen**
Der Weg der Kirche durch die Zeit

fe

© 2010 by fe-medienverlags gmbh, kisslegg
www.fe-medien.de
Gestaltung: Renate Geisler
Druck: orthdruk, Bialystok
ISBN: 978-3-939684-87-9
Printed in EU

Joseph Overath

Dem Bräutigam entgegen

Der Weg der Kirche durch die Zeit

Ipsum nunc nobis tempus est / quo voce evangelica / venturus **sponsus** creditur, / regni caelestis conditor.	Die Stunde bricht für uns nun an, / in der nach des Evangeliums Wort / der **Bräutigam** kommen wird – er, / der Gründer des Himmelreiches.
Occurrunt sanctae virgines / **obviam** tunc adventui, / gestantes claras lampadas, / magno laetantes gaudio.	Die heiligen Jungfrauen stehen auf / und eilen dem Kommenden entgegen; / ihr Herz fließt über von Freude / und sie tragen leuchtende Lampen.
Stultae vero quae remanent / extinctas habent lampadas, / frusta pulsantes ianuam, / clausa iam regni regia.	Zurück bleiben die Törichten, / deren Lampen sind erloschen, / frustriert klopfen sie an das Tor, / des Herren Reich ist ihnen verschlossen.
Nunc vigilemus sobrii / gestantes mentes splendidas, / ut venienti **Domino** / digni curramus **obviam**.	Wir wollen achtsam wachsam sein / und viel an Licht verbreiten, / dass wir würdig dem kommenden **Herrn entgegen**gehen.
Dignos nos fac, rex optime, / futuri regni gloria, / ut mereamur laudibus / aeternis te concinere. Amen.	O bester König, würdige uns der Glorie / des herannahenden Gottesreiches, / dass wir in Ewigkeit den richtigen Ton treffen, / dich zu ehren. Amen.

Liturgia Horarum, 2. und 4. Woche zur Lesehore

Vorwort

Es gibt schon verschiedene Quellensammlungen zur Kirchengeschichte. Das vorliegende Buch versucht zu betonen, dass die Kirchengeschichte nicht nur aus Jahreszahlen besteht – deswegen ist oft der Zugang zu ihr erschwert.

Hubert Jedin nannte die Kirchengeschichte einmal „... historische Ekklesiologie ..." Die Kirchengeschichte berichtet von dem Weg Christi durch die Zeit – und sie wird ihr Ende bei der Wiederkunft Christi finden. Somit reflektiert die Kirchengeschichte als Fach auch und immer das Selbstverständnis der Kirche in ihrer Geschichte. Wie hat sich die Kirche auseinandergesetzt mit der „Welt"? Wo und an welchen Stellen ging sie Kompromisse ein, Kompromisse, die vielleicht nicht mit der Sendung Christi zu vereinbaren waren?

Jedin sagt: „In der Kirchengeschichte hat nicht nur das Menschliche seinen Platz, auch die Sünde und die Schuld ihrer Glieder."

In vielen Texten, die hier vorgestellt werden, steht die Frage nach der „Schuld" der Kirche im Vordergrund – diese Frage wird heute von vielen Romanen und durch Fernsehsendungen in die Herzen der Menschen transportiert. Der Titel des Buches ist inspiriert von Mt 25,1–13. Das Gleichnis der klugen und törichten Jungfrauen zeigt, dass die Kirche ein Ziel hat: ihren Herrn und Meister.

Oft wurde in der Zeittafel das Todesjahr eines Heiligen angegeben. Bei aller Dunkelheit, die Menschen durch ihr Versagen anrichten, lebt die Kirche von der Zielstrebigkeit der Heiligen auf Christus hin. Jeden Tag erschallt in der Kirche der Ruf: „Der Bräutigam kommt! Geht ihm entgegen" (Mt 25,6). Immer, wenn die Kirche Sakramente schenkt, immer, wenn sie ihren Herrn in der Eucharistie gegenwärtig setzt, schreitet sie Christus entgegen.

Das II. Vatikanum betont in Art. 8 „Lumen gentium": „Während Christus heilig, schuldlos, unbefleckt war und die Sünde nicht kannte, sondern allein die Sünden des Volkes zu sühnen gekommen ist, umfasst die Kirche Sünder in ihrem eigenen Schoße. Sie ist zugleich heilig und stets der Reinigung bedürftig, sie geht immerfort den Weg der Buße und der Erneuerung."

Manche Texte, die hier herausgegeben wurden, mögen auf den ersten Blick apologetisch wirken. Aber der Eindruck trügt. Sie möchten lediglich den Blick schärfen für die oft komplizierte Problematik vergangener Zeiten – und sie leiten uns an, das bitter notwendige „mea culpa" nicht in ein arrogantes „vestra culpa" zu verdrehen.

Leicht und schnell geht in Gesprächen über die heilige Kirche die arrogante Verurteilung ganzer früherer Epochen bei vielen über die Lippen. Die Kirche kann nur adäquat bewertet werden, wenn man bereit ist, sie in ihren Wesenszügen zu erkennen – man muss sich schon die Mühe machen, in die Kathedrale hineinzugehen, um die Pracht der Fenster erkennen zu können. Wer sich bewusst macht, dass in der Kirche Christus durch die Sakramente lebt, kann trotz viel Schatten das eine Licht, Christus, deutlich sehen.

Am Herz-Jesu-Fest lässt die Kirche uns in der Lesehore einen schönen und tiefen Text des hl. Bonaventura lesen. Der hl. Kirchenlehrer interpretiert das Hohelied der Liebe und kommt zu der Aussage: „Ecclesia – amica Christi". Ja, die Kirche ist die Braut, die dem Bräutigam entgegengeht.

Am Fest des hl. Bonaventura 2010

30

Jesu stirbt am Passahfest in Jerusalem unter der Herrschaft des Tiberius (14–37); Pontius Pilatus vertritt die Römische Weltmacht.

Später wird über der Stelle der Kreuzigung, dem Felsen Golgota, die „Grabeskirche" errichtet.

Das in wenigen Jahrzehnten später entstehende Neue Testament bezeugt in allen seinen Schriften und seiner Entstehungsschichte die Auferweckung Jesu von den Toten und lässt die Kirche durch die Geistsendung zu Pfingsten in die Öffentlichkeit treten.

31 / 32

Hinrichtung des Stephanus; zwischen Juden und Christus-Leuten bestehen starke Spannungen.

34 / 38

In Antiochien beginnt die Heidenmission; die Jesus-Leute werden hier zum ersten Mal Christen genannt.

34 ?

Bekehrung des Saulus vor Damaskus; er heißt jetzt Paulus und besucht die Apostel in Jerusalem.

41–44

Herodes Agrippa I. herrscht über Palästina; er lässt den Apostel Jakobus hinrichten; Petrus verlässt Jerusalem.

48 / 49

Apostelkonzil; Petrus und Paulus streiten sich wegen der Frage der Beschneidung.

CA. 50–100

Die Frage nach der Datierung der Schriften des Neuen Testamentes ist sehr umstritten. Die Christen in jenen Jahren benutzten als Heilige Schriften die „Septuaginta", die griechische Übersetzung des Alten Testamentes. Bibelarbeit bestand vor allem wohl darin, dass man erkannte, dass in diesen Büchern eine große Offenheit auf das Christusereignis zu finden ist. Wenn man die Psalmen betete, wenn man die Propheten las, dann deutete man diese Schriften auf Christus hin. Das Lukasevangelium (24,25 – 27) zeigt, dass diese „Auslegungsmethode" vom österlichen Herrn stammt.

> *(25) Und er sprach zu ihnen: Oh ihr Unverständigen und Trägen im Herzen, zu glauben an alles, von dem die Propheten redeten. (26) Musste nicht dieses leiden der Christos und hineingehen in seine Herrlichkeit? (27) Und beginnend von Moyses und von allen Propheten, auslegte er ihnen in allen Schriften das über sich.*

Für den Apostel Petrus ist es selbstverständlich, die Psalmen einzig im Hinblick auf Christus zu lesen. So lesen wir in der Apostelgeschichte, im 4. Kapitel:

> *(11) Dieser ist der Stein, der verachtete von euch, den Bauleuten, der zum Hauptstein wurde. (12) Und (es) ist in keinem anderen die Rettung, denn nicht ist ein anderer Name unter dem Himmel, der gegeben ist unter (den) Menschen, durch den wir gerettet werden müssen.*

Natürlich ist diese Art der Bibeldeutung nur zu verstehen, wenn die Bücher nicht reine Menschenprodukte sind, sondern unter dem Einfluss Gottes stehen.

Im 2. Timotheusbrief (3,15–17) kommt dies zur Sprache; hier gibt es neben der Lehre (der Tradition der Kirche) auch schon expressis verbis die „Bibel".

> *(14) Du aber bleibe bei (dem), was du gelernt und gläubig angenommen hast, wissend, von welchen du gelernt hast, (15) und weil du von Kind (auf) (die) heiligen Schriften kennst, die dich weise machen können zur Rettung durch (den) Glauben, den in Christos Jesus. (16) Jede Gottbegeisterte Schrift (ist) auch nützlich zur Lehre, zur Überführung, zur Besserung, zur Erziehung, der in Gerechtigkeit, (17) damit gerüstet sei der Mensch Gottes zu jedem guten Werk ausgerüstet.*

51
Paulus in Korinth

UM 54
Der Brief an die Hebräer bringt eine kryptische Mitteilung über die Eucharistie. Es sind die Vorsteher (Amtsträger) erwähnt; in der jungen Kirche ist klar, dass das Geschehen am Kreuz Christi einmalig ist – und doch ist Christus anwesend: „Jesus Christus ist gestern und heute derselbe und in Ewigkeit" (Vers 8).

Diese „Selbigkeit" Christi gewährleistet der Altar, der das Kreuz Christi ist. Die alttestamentlichen Priester durften nicht vom Opferfleisch essen. Das eine und immerwährende Opfer Christi indessen schenkt die Eucharistie.

(7) Gedenket eurer Führer, welche geredet haben zu euch das Wort Gottes, achtend auf den Ausgang von deren Wandel, ahmt nach (ihren) Glauben! (8) Jesus Christos (ist) gestern und heute derselbe und in die Aionen. (9) Durch mannigfaltige und fremde Lehre lasst euch nicht abbringen; denn recht (ist), dass durch Gnade gefestigt wird das Herz, nicht durch Speisen, von denen keinen Nutzen hatten die (damit) Umgehenden. (10) Wir haben einen Altar, von dem zu essen nicht haben Vollmacht die dem Zelt Dienenden. (11) Denn von (den) Tieren, deren Blut für (die) Sünde hineingebracht wird in das Heilige durch den Hochpriester, deren Leiber werden verbrannt außerhalb des Lagers. (12) Deshalb litt auch Jesus, damit er heilige durch das eigene Blut das Volk, außerhalb des Tores.

(Hebr 13, 7 – 12)

55

Die Kirche kann ohne die Eucharistie nicht leben. Der Apostel Paulus schreibt in seinem Brief an die Korinther von einer Überlieferung bezüglich der Eucharistiefeier: „… ich übernahm vom Herrn, was ich auch überliefere euch …" (Vers 23).

Die Kirche wird zur Kirche erst in der Feier des Herrentodes. Das Wort „verkündigen" meint ein feierliches Proklamieren: Das proklamierte Ereignis wird jetzt Gegenwart und gültig. Man muss sich an das jährliche Passahfest der Juden erinnern: Sie ziehen h e u t e wieder aus Ägypten aus, wenn sie dieses Ereignis von damals heute kultisch begehen.

Vers 29 deutet auf den Unterschied von Brot und dem „Brot" der kultischen Begehung des Herrentodes hin.

In Vers 26 wird diese Feier der Kirche ans Herz gelegt, d. h. die Feier wird zum Herzen der Kirche selbst – bis der Herr einst wiederkommt.

(23) Denn ich übernahm vom Herrn, was ich auch überlieferte euch, dass der Herr Jesus in der Nacht, in der er überliefert wurde, Brot nahm (24) und danksagend brach und sprach: Dies ist mein Leib für euch; dies tut zur Erinnerung an mich! (25) Ebenso auch den Becher nach dem Essen, sagend: Dieser Becher ist der neue Bund in meinem Blut; dies tut, jedes Mal wenn ihr trinkt, zur Erinnerung an mich! (26) Denn jedes Mal, wenn ihr esst dieses Brot und den Becher trinkt, den Tod des Herrn verkündet ihr, bis dass er kommt. (27) Daher, wer immer isst das Brot oder trinkt den Becher des Herrn unwürdig, schuldig wird er sein am Leib und dem Blut des Herrn. (28) Prüfen aber soll sich ein Mensch, und so von dem Brot soll er essen und aus dem Becher trinken; (29) denn der Essende und Trinkende, ein Gericht isst und trinkt er sich, nicht unterscheidend den Leib.

(1 Kor 11, 23 – 29)

UM 55

Der Jakobusbrief gehört mit zu den ältesten Teilen des Neuen Testamentes. Bekanntlich wurde er von den Reformatoren nicht anerkannt. Dieses harte und ungerechtfertigte Urteil wurde später fallen gelassen.

In Jak 5,13–16 ist die Rede von einer Salbung der Kranken. Hier ist bereits eine ganz entfaltete Theologie des Sakraments zu finden, das wir heute Krankensalbung nennen:

1. ist das Sakrament eine Zeichenhandlung, 2. geschieht die Gnadenvermittlung durch das Gebet und 3. wirkt Christus selbst im Sakrament, der es ja auch eingesetzt hat.

Die Priester, „Presbyter der Kirche", handeln nun an der Stelle Christi. Die Kirche steht hier als „Gnadenraum" für den kranken Menschen. Der Jakobusbrief spiegelt die frühe Sakramentenpraxis in der Kirche –

zweifelsohne noch in der Generation der Augen- und Ohrenzeugen Jesu Christi.

> *(13) Trägt einer von euch Leid, so bete er, ist jemand frohen Mutes, lobsinge er. (14) Ist jemand unter euch krank, so rufe er die Presbyter der Kirche; die sollen über ihn beten und ihn mit Öl salben im Namen des Herrn, (15) und das Gebet des Glaubens wird den Kranken retten, und der Herr wird ihn aufrichten, und wenn er Sünden begangen hat, wird ihm vergeben werden. Bekennt also einander eure Sünden und betet füreinander, damit ihr geheilt werdet. Viel vermag das hingebende Gebet des Gerechten … (19) Meine Brüder! Sollte jemand unter euch von der Wahrheit abgeirrt sein, und jemand führt ihn zurück, (20) der wisse: Wer einen Sünder von seinem Irrweg zurückbringt, rettet seine Seele vom Tode und deckt viele Sünden zu.*

56–58 ?

Um das Jahr 50 gründet der hl. Paulus die älteste Ortskirche Europas, Philippi in Griechenland. Dorthin schreibt er nach einigen Jahren einen Brief. In diesem Brief ist ein Christus-Hymnus überliefert. Wahrscheinlich ist das Lied noch älter als der Brief, also vorpaulinisch.

Wir erhalten einen Einblick in den Christus-Glauben der frühesten Kirche. Jesus wird hier der Herr genannt – das verweist auf die Auferweckung Jesu durch den Schöpfer des Himmels und der Erde.

> *(5) Solche Gesinnung habt untereinander, wie sie auch in Christus Jesus war. (6) Er, der in Gottgestalt war, erachtete das Gottgleichsein nicht als Beutestück; (7) sondern er entäußerte sich selbst, nahm Knechtsgestalt an und ward den Menschen gleich. In seiner äußeren*

Erscheinung als ein Mensch erfunden, (8) erniedrigte er sich selbst und wurde gehorsam bis zum Tod, bis zum Tod am Kreuz. (9) Darum hat Gott ihn erhöht und ihm den Namen gegeben, der über alle Namen ist, (10) auf dass im Namen Jesu sich jedes Knie beuge im Himmel, auf der Erde und unter der Erde (11) und jede Zunge zur Ehre Gottes des Vaters bekenne: Jesus Christus ist der Herr.

59 / 60

Paulus reist nach Rom.

64

Neronische Christenverfolgung; Petrus wird Blutzeuge; auch Paulus stirbt den Märtyrertod.

Die beiden Apostelfürsten sind auf das Engste mit der Stadt am Tiber verbunden.

Über ihren Gräbern entstehen bald „Tropaia" (Denkmäler), später dann die Basiliken.

VOR 70

Der Kirchenhistoriker Eusebius schildert auch die Entstehung der neutestamentlichen Bücher. Das Markusevangelium ist hier in einen engen Zusammenhang mit dem Apostelführer Petrus gerückt. Wichtig für den weiteren Verlauf der Kanongeschichte ist die Überzeugung, dass die Schriften, die in den Kirchen vorgelesen werden dürfen, jene Wahrheiten enthalten, die von den Aposteln selbst verkündigt worden sind.

Es dauerte oft lange, bis die Kirche eine Schrift als „kanonisch" anerkannte. Eusebius weist auf die verschiedenen Meinungen über die Johannesapokalypse hin.

Eusebius, der 340 gestorben ist, hat seine Aussagen sehr gut belegen können. In der heutigen Exegese ist er oft der Kritik ausgesetzt; aber er zeichnet doch die Grundlinien der Entstehung des Neuen Testamentes ziemlich deutlich.

So sehr erleuchtete das Licht der Religion die Herzen der Zuhörer des Petrus, dass sie sich nicht damit begnügen wollten, ihn ein einziges Mal nur gehört zu haben, sie wollten von der Lehre seiner göttlichen Predigt auch Aufzeichnungen besitzen. Daher wandten sie sich inständig mit verschiedenen Bitten an Markus, den Verfasser des Evangeliums, den Begleiter des Petrus, er möchte ihnen schriftliche Erinnerungen an die mündlich vorgetragene Lehre hinterlassen. Und sie standen nicht eher von den Bitten ab, als bis sie den Mann gewonnen hatten. So wurden sie die Veranlassung zum so genannten Markusevangelium. Nachdem Petrus durch eine Offenbarung des Geistes von dem Vorfall Kenntnis erhalten hatte, soll er sich über den Eifer der Leute gefreut und die Schrift für die Lesung in den Kirchen bestätigt haben. Klemens hat diese Tatsache im sechsten Buch seiner Hypotyposen berichtet, und mit ihm stimmt Bischof Papias von Hierapolis überein. Petrus gedenkt des Markus in seinem ersten Brief, den er in Rom selbst verfasst haben soll, was er selbst andeutet, indem er diese Stadt bildlich Babylon nennt, wenn er sagt: „Es grüßt Euch die mit erlesene Gemeinde in Babylon und Markus, mein Sohn".

Es dürfte am Platze sein, hier die erwähnten Schriften des Neuen Testamentes zusammenzufassen. An die erste Stelle ist die heilige Vierzahl der Evangelien zu setzen, an welche sich die Apostelgeschichte anschließt. Nach dieser sind die Briefe des Paulus einzureihen. Sodann ist der so genannte erste Brief des Johannes und in gleicher Weise der des Petrus für echt zu erklären. Zu diesen Schriften kann noch, wenn man es für gut hält, die Offenbarung des Johannes gezählt werden, über welche verschiedene Meinungen bestehen, die wir bei Gelegenheit angeben werden. Die erwähnten Schriften gehören zu den anerkannten. Zu den bestrittenen aber, welche indes gleichwohl bei den meisten in Ansehen stehen, werden gerechnet der so genannte Jakobusbrief, der Brief des Judas, der zweite Brief des Petrus und der so genannte zweite und dritte Johannesbrief, welche entweder dem Evangelisten oder einem anderen Johannes zuzuschreiben sind.

96

Der 1. Klemensbrief richtet sich von Rom aus an die Christen zu Korinth. Der Brief schildert, dass in Korinth Kleriker abgesetzt worden sind. Und er beschreibt bereits die Apostolische Sukzession. Am Ende des 1. Jahrhunderts gab es feste kirchenamtliche Strukturen. Je nach konfessionellem Standpunkt erkennen die einen hier einen bedauerlichen Abfall von der „Urkirche"; an die Stelle der „Liebeskirche" sei die „Rechtskirche" getreten.

Aus katholischer Sicht ist die Kirche auf dem Weg durch die Zeit – nicht ohne die Führung des Heiligen Geistes. Wenn es zu den Ämtern gekommen ist, dann war das keine beliebige Entwicklung, sondern über die stetige Feier der Eucharistie, die sehr gut bezeugt ist, führte der Geist Gottes seine Kirche zur Klärung der Ämterfrage.

42.1. Die Apostel empfingen die Frohbotschaft für uns vom Herrn Jesus Christus; Jesus der Christus wurde von Gott gesandt. 2. Christus kommt also von Gott her, und die Apostel kommen von Christus her, beides stammt in schöner Ordnung aus dem Willen Gottes. 3. Sie empfingen also Aufträge, und, durch die Auferstehung unseres Herrn Jesus Christus mit Gewissheit erfüllt, im Glauben an das Wort Gottes gefestigt, zogen sie in der Fülle des Heiligen Geistes hinaus und verkündeten die Frohe Botschaft vom kommenden Reich Gottes. 4. Sie predigten auf dem Land und in den Städten und setzten ihre Erstlinge nach vorausgehender Prüfung durch den Geist zu Bischöfen und Diakonen für die kommenden Gläubigen ein. 5. Und dies war nichts Neues, denn schon seit langem hatte die Schrift von Episkopen und Dienern gesprochen. So sagt denn an einer Stelle die Schrift: Ich werde Episkopen in der Gerechtigkeit und ihre Diener in Treue einsetzen.

44.1. Auch unsere Apostel wussten durch unsern Herrn Jesus Christus, dass Streit um das Bischofsamt entstehen würde. 2. Aus diesem Grund setzten sie, die eine genaue Kenntnis der Zukunft erhalten hatten, die oben Erwähnten ein und gaben ihnen dann als Regel, dass, wenn sie entschlafen wären, andere erprobte Männer ihren Dienst übernehmen sollten. 3. Jene also, von ihnen oder hernach von andern hervorragenden Männern unter Zustimmung der ganzen Gemeinde Eingesetzten, die untadelig, demütig, ruhig, würdig ihr Amt der Herde Christi gegenüber haben und über eine lange Zeit ein gutes Zeugnis erhielten: diese ihres Amtes zu entheben, halten wir für ein Unrecht. 4. Denn es wird für uns keine kleine Sünde sein, solche, die fromm und untadelig die Gaben dargebracht haben, des Bischofsamtes zu entsetzen. 5. Selig die Presbyter, die ihren Lebenslauf schon vollendeten und deren Dasein fruchtbar und vollkommen zu Ende ging. Sie brauchen nicht zu fürchten, dass jemand sie von ihrem zugewiesenen Platz vertreibe. 6. Doch müssen wir es erleben, dass ihr einige, die einen guten Wandel führten, aus dem heiligen Dienst vertrieben habt, den sie ehrenhaft und ohne Tadel verrichtet hatten.

UM 100

Die „Didache" (Zwölf-Apostel-Lehre) schildert das Leben und die sakramentale Ordnung der Kirche. Sie stimmt mit anderen Berichten darin überein, dass der Herrentag der wichtige Tag im Leben der Kirche ist. Der Text aus Kapitel 14 wirft einen Blick in die Geschichte des urchristlichen Bibelverständnisses. Die „Bibel" war zu jener Zeit die „Septuaginta", die griechische Fassung des Alten Testamentes. Die Feier der Danksagung, die Eucharistie, wird biblisch untermauert mit einem Hinweis auf das Buch des Propheten Maleachi. Er versteht den Kult bereits universal (an jedem Ort und zu jeder Zeit). Der Begriff „Opfer" ist aus der geoffenbarten Schrift des Propheten übernommen und wird hier auf „Eucharistie" angewendet.

Diese Bibelauslegung geht von e i n e m Heilsplan Gottes mit den Menschen aus; in Christus ist die „Fülle der Zeit" angebrochen. Das Kreuzesopfer dauert an und seine „Früchte" empfangen die Gläubigen am Herrentag. Das meint: Eucharistie ist Opfer.

> *Wenn ihr am Herrentag zusammenkommt, brecht das Brot und sagt Dank, nachdem ihr zuvor eure Übertretungen bekannt habt, damit euer Opfer rein sei. 2. Keiner, der einen Streit mit seinem Nächsten hat, komme mit euch zusammen, bis sie sich wieder ausgesöhnt haben, damit euer Opfer nicht unrein wird. 3. Über dieses ist vom*

Herrn gesagt worden: „An jedem Ort und zu jeder Zeit (ist) mir ein reines Opfer darzubringen, denn ich bin ein großer König, spricht der Herr, und mein Name wird bei den Heiden bewundert."

UM 110

In Rom erleidet Bischof Ignatius von Antiochien den Tod eines Blutzeugen für Christus. Aus seiner Feder stammen Briefe, die die Lage der Kirche um die 1. Jahrhundertwende beschreiben. Ignatius wendet sich gegen die Irrlehre der Gnosis oder auch des Doketismus. Jesus wird hier verflüchtigt zu einem „Geistwesen" und der blutige Ernst des Kreuzes wird ausgeblendet.

In den Briefen lassen sich die Ämter des Bischofs, der Priester und der Diakone schon sehr gut erkennen. Zum ersten Mal wird die Kirche die „katholische" genannt, weil auch Christus „katholisch" ist, d. h. in seinem Namen ist das umfassende Heil zu finden.

7.1. Denn jeder, der nicht bekennt, dass Jesus Christus im Fleisch gekommen ist, ist ein Antichrist, und wer sich nicht zum Zeugnis des Kreuzes bekennt, ist aus dem Teufel, und wer die Worte nach seinen eigenen Begierden verdreht und weder an der Auferstehung noch am Gericht festhält, der ist der Erstgeborene Satans.

2. Verlassen wir deshalb das leere Geschwätz der Menge und die falschen Lehren und wenden wir uns dem von Anfang an überlieferten Worte zu; seien wir wachsam beim Gebet und beharrlich im Fasten, den allsehenden Gott mit Bitten bestürmend, er möge uns nicht in Versuchung führen, da ja der Herr gesagt hat: Der Geist ist willig, aber das Fleisch ist schwach.

8.1. Halten wir somit unablässig an unserer Hoffnung fest und an dem Angeld unserer Gerechtigkeit, nämlich an Jesus Christus, der unsere Sünde an seinem eigenen Leib auf das Holz trug, keine Sünde beging und in dessen Mund kein Trug erfunden ward; vielmehr erduldete er alles um unsertwillen, damit wir in ihm das Leben haben sollten. 2. Werden wir also Nachahmer seiner Geduld, und wenn wir um seines Namens willen zu leiden haben, wollen wir ihn preisen. Denn dieses Beispiel hat er uns gegeben, und wir haben daran geglaubt.

9.1. Seid also taub, wenn einer euch von etwas anderem redet als von Jesus Christus, der aus Davids Geschlecht, aus Maria stammt, der in aller Wahrheit Mensch wurde, der aß und trank, in Wahrheit gekreuzigt wurde und angesichts aller starb, die im Himmel, auf Erden und unter der Erde sind, 2. der auch in aller Wahrheit von den Toten erweckt wurde, da sein Vater ihn auferstehen ließ, welcher auch uns, die an ihn Glaubenden, als ihm Gleichgestaltete auferwecken wird in Christus Jesus, von dem getrennt wir das wahre Leben nicht haben.

10. Wenn er aber, wie gewisse Gottlose, nämlich Ungläubige, behaupten, nur zum Schein gelitten hat – diese Leute sind selbst bloßer Schein –, wozu bin ich dann gefesselt, warum sehne ich mich nach dem Kampf mit den wilden Tieren? Dann sterbe ich ja umsonst und lüge gegen den Herrn.

11.1 Meidet also die schlechten Seitentriebe, sie tragen nur todbringende Früchte; wer davon kostet, stirbt sogleich. Solche gehören nicht zur Pflanzung des Vaters. 2. Denn gehörten sie dazu, würden sie sich als Zweige am Kreuzesstamm erweisen, und dann wäre ihre Frucht unvergänglich; durch sein Kreuz ruft er euch, die ihr seine Glieder seid, in seinem Leiden zu sich. Unmöglich kann ja ein Haupt ohne seine Glieder geboren werden; Gott selber verheißt uns diese Einigung, die er ja selber ist.

8.1. Alle sollt ihr dem Bischof gehorchen wie Jesus Christus dem Vater (gehorcht hat), und auch dem Presbyterium wie den Aposteln, die Diakone aber ehrt wie Gottes Gebot. Keiner tue etwas die Kirche Betreffendes ohne den Bischof. Nur jene Eucharistie gelte euch als gültig, die unter dem Bischof oder einem von ihm Beauftragten gefeiert wird. 2. Wo der Bischof auftritt, dort sei auch das Volk, so wie wo Christus Jesus ist, dort sich die katholische Kirche befindet. Ohne den Bischof darf nicht getauft noch das Liebesmahl gehalten werden; was aber immer er für gut befindet, das ist auch Gott wohlgefällig. Und so wird alles, was ihr unternehmt, sicher und zuverlässig sein.

9.1. So ist es denn sinnvoll für euch, künftig wieder nüchtern zu werden, solange uns noch die Zeit bleibt, uns zu Gott zu bekehren. Es ist gut, sich an Gott und den Bischof zu halten. Wer den Bischof ehrt, steht bei Gott in Ehren. Wer hinter dem Rücken des Bischofs etwas unternimmt, dient dem Teufel.

111 / 112

Die römischen Behörden waren sich nicht sofort darüber einig, wie sie mit den Christen umgehen sollten. Waren die Christen Staatsfeinde? Ging es um irgendeinen „asiatischen" Kult? War es nur Aberglaube?

Statthalter Plinius der Jüngere fragte in Rom bei Kaiser Trajan an, wie mit den Christen zu verfahren sei. Die Antwort lautete, man solle sie nicht jagen oder verfolgen, aber wenn sie angeklagt würden, müsste das

Recht seinen Weg nehmen und sie hätten ihrem Christus abzuschwören. Die Beschreibung kennt bereits den Sonntag (vgl. auch Apg 20,7); beschrieben ist die Feier der Eucharistie.

Die Christen werden nicht als staatsfeindliche Gruppe gesehen. Im Gegenteil: Die Christen halten sich an die Moral.

Die erwähnten „Dienerinnen" zeigen, dass auch Sklaven im Rahmen der Kirche Aufgaben übernehmen durften.

> *Sie versicherten aber, ihre ganze Schuld oder ihr ganzer Irrtum habe darin bestanden, dass sie an einem bestimmten Tag vor Sonnenaufgang sich zu versammeln pflegten, Christus als ihrem Gott einen Wechselgesang sangen und sich durch einen Eid verpflichteten, nicht etwa irgendein Verbrechen, sondern im Gegenteil keinen Diebstahl, Raub oder Ehebruch zu begehen, ein gegebenes Wort nicht zu brechen und anvertrautes Gut, das zurückverlangt wird, nicht zu verweigern. Danach sei es üblich gewesen, auseinanderzugehen und später zusammenzukommen, um ein ganz gewöhnliches und unschuldiges Mahl einzunehmen, was sie aber nach meinem Edikt unterlassen hätten, in dem ich entsprechend deinen Anweisungen Hetairien verboten hatte. Für umso notwendiger hielt ich es, von zwei Sklavinnen, die sie Dienerinnen nannten, die Wahrheit auch durch Anwendung der Folter zu erfahren. Ich habe nichts anderes gefunden als einen verworrenen maßlosen Aberglauben.*

UM 153

Der hl. Polykarp wird in Kleinasien hingerichtet. Er gehört zu den frühen kirchlichen Schriftstellern, den Apostolischen Vätern.

MITTE DES 2. JAHRHUNDERTS

Montanus gründet seine „Kirche" der Schwärmer. Angeblich spricht ein „Paraklet" zu den Gläubigen. Die Kirchenzucht ist rigoros; so z. B. Verbot der zweiten Ehe, strenges Fasten. Todsünder werden ohne Gnade behandelt. Es gibt keine Bischöfe, sondern Priesterinnen und Priester.

Markion lehnt in scharfer Form das Alte Testament ab. Der Schöpfergott sei zu despotisch; er wendet sich gnostischen Vorstellungen über Gott und die Welt zu.

Als die Hl. Schrift erkannte er die Paulusbriefe an und das Evangelium nach Lukas.

Die Irrlehrer waren sich aber untereinander nicht einig über den Umfang des Kanons.

Eusebius beschreibt in seiner Kirchengeschichte eine andere Sekte, die den Kanon wiederum anders definierte.

Etwas später brachte ein Mann namens Severus in die erwähnte Sekte noch mehr Leben und wurde Anlass, dass ihre Anhänger Severianer genannt wurden. Diese benützen das Gesetz, die Propheten und die Evangelien, wobei sie allerdings den Inhalt der heiligen Schriften eigenartig auslegen. Den Apostel Paulus beschimpfen sie und seine Briefe lehnen sie ab; auch die Apostelgeschichte nehmen sie nicht an. Ihr erster Stifter Tatian verfasste eine Art Evangelienharmonie und nannte das Werk Diatessaron. Es ist bei manchen noch heute in Umlauf. Auch soll er es gewagt haben, einige Sätze des Apostels zu umschreiben, um die Ausdrucksweise zu verbessern. Tatian hinterließ eine große Zahl von Schriften. Den größten Ruhm genießt bei vielen seine Schrift „An die Hellenen". Er greift darin auf die alten Zeiten zurück, um zu zeigen, dass Moses und die Propheten der Hebräer äl-

ter sind als alle berühmten Männer der Hellenen. Tatsächlich scheint diese Schrift das schönste und nützlichste von allen Werken Tatians zu sein. So viel hierüber.

2. HÄLFTE DES 2. JAHRHUNDERTS

Es entsteht eine frühchristliche Deutung der Natur; die Schöpfung und die Geschöpfe werden mit der Erlösung durch Christus verknüpft. Das Alte Testament wird nun auch als Vor-Bild für den Neuen Bund verstanden.

Der „Physiologus" prägte später die Kunst des Mittelalters sehr nachhaltig. Hier wird der Pelikan vorgestellt, er gilt schon als Vor-Zeichen Christi, der am Kreuz sein Blut vergossen hat. In der Folgezeit wird dann Christus immer häufiger mit einem Pelikan verglichen – dieser Vogel soll – nach der Fabel – seine Jungen mit seinem Blut nähren. Im Mittelalter zieren viele Altäre Darstellungen des Pelikans.

> *Schön sagt David: „Ich bin gleich dem Pelikan in der Wüste." Der Physiologus sagt vom Pelikan, dass er von Natur aus sehr kinderlieb ist. Wenn er die Jungen geboren hat und sie ein wenig heranwachsen, schlagen sie den Eltern ins Gesicht. Die Eltern züchtigen die Kinder und töten sie. Später bereuen die Eltern das und betrauern die Kinder, die sie getötet haben. Am dritten Tage reißt die Mutter die Brust auf; das Blut tropft auf die Leichen der Jungen und weckt sie wieder.*
>
> *So sagt auch der Herr im Jesajabuch: „Söhne habe ich aufgezogen und sie erhöht, und sie sind von mir abgefallen." Der Schöpfer hat uns zu Herren der gesamten Schöpfung auferzogen, und wir haben ihn geschlagen. Auf welche Weise haben wir ihn geschlagen? „Wir haben der Schöpfung mehr gedient als dem Schöpfer."*

Als er an das Holz des Kreuzes hinaufgegangen war, hat der Heiland seine Seite geöffnet und hat Blut und Wasser zur Rettung und zum ewigen Leben vergossen. Das Blut durch den, der sagt: Er nahm den Kelch und dankte; das Wasser dient zur Taufe der Buße. Schön spricht der Physiologus über den Pelikan.

Die zweite Eigenart des Pelikans. Es sagt David: „Ich bin gleich dem Pelikan in der Einöde." Dieser Pelikan ist ein Vogel, die Schlange ist seinen Jungen sehr feind. Was macht nun der Pelikan? Er befestigt sein Nest in der Höhe und macht darum einen Zaun von allen Seiten wegen der Schlange. Was tut nun die hinterlistige Schlange? Sie beobachtet nach allen Seiten, woher der Wind weht, und von da her bläst sie den Jungen ihr Gift zu, und sie sterben sofort. Da kommt der Pelikan und sieht, dass seine Kinder tot sind, und er sieht eine Wolke und fliegt in die Höhe. Mit seinen Flügeln schlägt er seine Seiten, und das Blut fließt heraus, und durch die Wolke hindurch tropft das Blut auf seine Kinder, und sie werden zum Leben erweckt.

Es wird nun der Pelikan dem Herrn verglichen, seine Kinder aber sind Adam und Eva und unser Geschlecht; sein Nest ist das Paradies, und die Schlange ist der abgefallene Teufel. Denn es hat die erzböse Schlange die Erstgeborenen wegen des Ungehorsams angehaucht, und sie sind in ihrer Sünde gestorben. Unser Herr und Gott, aus Liebe zu uns an dem teuren Kreuz erhöht und in die Seite gestochen durch die Wolke des Heiligen Geistes, hat uns das ewige Leben geschenkt. Schön spricht der Physiologus über den Pelikan.

UM 165

Der Philosoph Justin bekehrte sich zum Glauben an Christus und teilt in seinen Schriften Einzelheiten über die Praxis der Kirche mit.

Seine Ausführungen über die hl. Eucharistie zeigen, dass der Glaube der Urkirche vollkommen mit dem Glauben der Kirche zu allen Zeiten übereinstimmt. Auch ohne die spätere Terminologie (der Transsubstantiationslehre) wird deutlich, dass zwischen „Brot" und „eucharistischem Brot" der fundamentale Unterschied besteht: Christus wird genossen in seinem Fleisch und Blut.

An dem Tage aber, den man Sonntag nennt, findet eine Versammlung aller statt, die in Stadt und Land weilen. Dabei werden die Denkwürdigkeiten der Apostel oder die Schriften der Propheten vorgelesen, solange es angeht. Wenn dann der Vorleser aufgehört hat, so hält der Vorsteher eine Ansprache, in der er ermahnt und auffordert, diesen guten Lehren nachzueifern. Darauf erheben wir uns alle und beten. Und wie schon oben erwähnt, wird dann nach dem Gebete Brot, Wein und Wasser hergebracht, der Vorsteher spricht Gebete und Danksagungen, soviel er vermag, und das Volk stimmt bei mit seinem „Amen". Und nun wird jedem von dem Geweihten mitgeteilt und den Abwesenden durch die Diakone gebracht. Die Wohlhabenden und die wollen, geben nach freiem Ermessen, und das Eingegangene wird beim Vorsteher hinterlegt, der damit den Waisen und Witwen zu Hilfe kommt, auch denen, die durch Krankheit oder sonst einen Grund in Not geraten sind, den Gefangenen und den Fremdlingen, die vorübergehend verweilen, kurz, er ist allen, die in Not sind, ein Fürsorger.

Diese Nahrung heißt bei uns „Eucharistie". An ihr darf nur teilnehmen, wer unsere Lehren für wahr annimmt, das Bad der Sündenvergebung und Wiedergeburt empfangen hat und nach der Verkündigung Christi lebt. Denn nicht als gewöhnliches Brot und gewöhnlichen Trank nehmen wir das, sondern wie Jesus Christus, unser Heiland, Fleisch geworden durch Gottes Wort, um unseres Heiles willen Fleisch und Blut angenommen hat, so sind wir belehrt worden, dass auch die Speise, die durch ein Gebetswort von Ihm geweiht ist und von der unser Fleisch und Blut durch Umwandlung (zur Unsterblichkeit) ernährt wird, Fleisch und Blut jenes fleischgewordenen Jesus ist. Denn die Apostel haben in den von ihnen stammenden Denkwürdigkeiten, den so genannten Evangelien, überliefert, sie hätten folgenden Auftrag erhalten: Jesus habe Brot genommen, Dank gesagt und gesprochen: „Tut dies zu meinem Gedächtnis, dies ist mein Leib", und ebenso habe er den Kelch genommen, Dank gesagt und gesprochen: „Dies ist mein Blut", und habe nur ihnen davon mitgeteilt ...

UM 202

In Lyon erleidet Irenäus den Märtyrertod. Er setzte sich in einem großen Werk mit den Häresien seiner Zeit auseinander und erklärte das Prinzip der Glaubenstradition in der Kirche sehr einleuchtend.

UM 215

Durch das Bischofsamt bleibt die Kirche aller Zeiten mit der apostolischen Zeit verbunden – und damit mit Jesus selbst. Durch die frühen Texte schimmert die Sukzession hindurch: Jesus – Apostel – Bischöfe. Die Kirche vor Ort wird auch mit einem „Haus" verglichen; dann ist der Bischof der „Hausverwalter", gleichsam als Stellvertreter des einzigen Hirten Christus. Der Bischof bekommt aber auch Funktionen übertragen: Er wird verantwortlich für die Buße und er leitet die Nächstenliebe (caritas).

Die „Apostolische Überlieferung" fügt die Bischofsweihe selbstverständlich in die Eucharistiefeier ein; der Bischof ist ja der erste Liturgie seines Sprengels. Die Handauflegung ist – wie schon in der Apostelgeschichte – das Zeichen der Übernahme des Weihekandidaten in die Linie der Apostelnachfolge.

> *Gott und Vater unseres Herrn Jesus Christus, Vater der Barmherzigkeit und Gott allen Trostes (2 Kor 1,3), der du in den Höhen wohnst und auf das schaust, was niedrig ist (vgl. Ps 113,5–6), der du alle Dinge kennst, noch bevor sie sind (vgl. Dan 13,42), der du deiner Kirche Weisungen durch das Wort deiner Gnade gegeben (vgl. Apg 20,32) und von Anbeginn das Geschlecht der Gerechten, das von Abraham ausgeht, vorherbestimmt hast, der du Herrscher und Priester eingesetzt und dein Heiligtum nicht ohne Dienst gelassen hast: dir hat es seit Anbeginn der Welt gefallen, in denen verherrlicht zu werden, die du erwählt hast (vgl. Eph 1,4–6). Gieße auch jetzt die Kraft des leitenden Geistes (vgl. Ps 50,14 LXX) aus. Er kommt von dir, und du hast ihn deinem vielgeliebten Sohn Jesus Christus gegeben; er hat deinen Geist den heiligen Aposteln geschenkt, die die Kirche an allen Orten gegründet haben als dein Heiligtum zur Herrlichkeit und zum unaufhörlichen Lobe deines Namens. Lass, Vater, der du die Herzen kennst (vgl. Apg 1,24), deinen Diener (vgl. Jes 42,1), den du zum Bischofsamt erwählt hast, deine heilige Herde weiden (vgl. Ez 34,11–16; Apg 20,28; 1 Petr 5,2 f.) und als Hoherpriester dir ohne Tadel Tag und Nacht dienen (vgl. 1 Thess 2,9). Er möge unablässig dein Angesicht gnädig stimmen und die Gaben deiner heiligen Kirche darbringen. Gib ihm die Vollmacht durch den hohepriesterlichen Geist, gemäß deiner Weisung Sünden nachzulassen (vgl. Joh 20,23), gemäß deiner Anordnung die Ämter zu vergeben, und kraft der Vollmacht, die du den Aposteln verliehen*

hast (vgl. Mt 16,19; 18,18), von jeder Fessel zu lösen (vgl. Jes 58,6). Er möge dir wohlgefallen in Milde (vgl. 2Tim 2,25) und in reinem Herzen (vgl. 2 Tim 1,3), dir lieblichen Wohlgeruch (vgl. Eph 5,2; Ex 29,18) darbringen durch deinen Sohn Jesus, Christus, durch den dir Herrlichkeit, Macht und Ehre zuteil wird, Vater und Sohn mit dem Heiligen Geist jetzt und von Ewigkeit zu Ewigkeit. Amen.

257

Tarsicius von Rom †

Zu allen Jahrhunderten der Kirchengeschichte gibt es Menschen, die für die Verehrung des Allerheiligsten eintreten. Am 15. August 257 tobt wieder einmal eine der blutigen Christenverfolgungen im Römischen Reich.

Tarsicius brachte nach der Überlieferung die hl. Kommunion zu den Gläubigen, die nicht an der Eucharistiefeier teilnehmen konnten. Die Heiden müssen dies gemerkt haben und Tarsicius wurde bedrängt, das Allerheiligste den Heiden zu zeigen – man spekulierte ja nicht wenig darüber, was die Christen da wohl feierten …

Hier die Grab-Inschrift aus der Callistus-Katakombe:

Der blindwütende Pöbel drängte den hl. Tarsicius, der die „sacramenta Christi" trug, sie den Unheiligen zu zeigen. Er verlor aber lieber sein irdisches Leben unter Schlägen, als den tobenden Hunden die himmlischen Glieder (membra caelestia) zu überliefern.

Später ist der hl. Tarsicius Patron der Ministranten geworden.

313

Das Christentum darf nun öffentlich seinen Kult begehen und Kaiser Konstantin fördert es auf alle mögliche Weise. Später wird man diese „Konstantinische Wende" auch negativ beurteilen. Denn nun nahm die Staatsgewalt auch Einfluss auf die Fragestellungen in der Kirche und die Kirche wurde finanziell gut gestellt.

324

Im Mittelalter gab es viele Karten, die hatten die heilige Stadt Jerusalem als Mittelpunkt. Dort hatte Jesus die Welt erlöst und die fromme Legende will, dass Adam unter dem Kalvarienberg begraben liegt. Von Jerusalem aus zog auch der eucharistische Herr, immer wenn die apostolische Kirche die hl. Messe feiert, durch die Weltgeschichte. Helena, die Mutter des Kaisers Konstantin, wallfahrte 324 ins Heilige Land. Der hl. Ambrosius beschreibt, wie sie dort in Jerusalem das Kreuz Christi gefunden hat.

In der Folge begann eine rege Bautätigkeit im Heiligen Land; in Bethlehem wurde die Geburtskirche errichtet, in Jerusalem die imposante Grabeskirche, die auch den Kalvarienberg umschließt.

> *Ängstlich besorgt für ihren Sohn Konstantin, dem die Herrschaft über das Römische Weltreich zugefallen war, eilte Helena nach Jerusalem und erforschte die Stelle, wo der Herr gelitten hatte. Sie begab sich auf Golgotha und sprach: „Sieh, der Ort des Kampfes! Wo ist der Sieg? Ich suche das Panier des Kreuzes, aber ich finde es nicht. Ich auf dem Throne und das Kreuz des Herrn im Staube? Ich in Gold und Christi Triumph im Schutt? Dieser noch begraben und vergraben die Siegespalme des ewigen Lebens? Wie soll ich an*

meine Erlösung glauben, wenn die Erlösung selbst sich dem Auge entzieht?

Weg also mit dem Schutt, auf das das Leben erscheine! Es öffne sich die Erde, dass das Heil aufleuchte!"

Helena lässt nun den Boden aufgraben, das Erdreich wegnehmen. Da stößt sie auf drei durcheinanderliegende Marterhölzer, die der Schutt bedeckt, der Feind versteckt hatte. Doch Christi Triumph konnte nicht in der Nacht vergraben bleiben. Der Heilige Geist gibt ihr einen sicheren Fingerzeig; sie findet das mittlere Kreuz mit der Aufschrift: Jesus von Nazareth, König der Juden. Hieraus konnte der wahre Sachverhalt erschlossen werden: Aus der Aufschrift ward das Kreuz des Heiles offenbar.

Sie fand also die Aufschrift und betete den König, nicht das Holz an, denn das wäre gottloser Aberglaube. Sie betete vielmehr den an, der am Holz gehangen, dessen Name auf der Überschrift gestanden; der für seine Verfolger zum Vater um Verzeihung ihrer Sünden flehte. Voll Verlangen trachtete die Frau, das Heilmittel der Unsterblichkeit zu berühren, scheute sich aber, das Geheimnis des Heils mit dem Fuße zu treten. So gelangte sie hin zur Liegestelle der Wahrheit: Das Holz leuchtete auf, die Gnade erstrahlte.

325

Das Konzil von Nicäa betont gegen Arius die Wesensgleichheit des Sohnes mit dem göttlichen Vater.

325

Der hl. Nikolaus von Myra nimmt am Konzil von Nicäa teil. Dort wird

u. a. das heutige Glaubensbekenntnis in seinen Grundzügen formuliert. Begraben ist der Heilige in Bari/Italien.

328

Athanasius wird Bischof von Alexandrien. Er war vorher Bischofssekretär gewesen und hatte als solcher auch das Konzil von Nicäa kennengelernt, da er seinen Bischof dorthin begleitet hatte. Er stand ohne Wenn und Aber zum Glauben an die Gottessohnschaft Christi und seine Gegner, die Arianer, sorgten für seine fünfmalige Verbannung vom Bischofsstuhl.

Das Prädikat „katholisch" war damals in der Kirche wenig gefragt. In seinen Schriften setzte sich der Theologe für den richtigen Glauben an den dreifaltigen Gott mit Nachdruck ein.

Lasst uns die alte Überlieferung befragen, die Lehre und den Glauben der katholischen Kirche. Der Herr hat sie gegeben, die Apostel haben sie verkündet, und die Väter haben daran festgehalten. Auf ihr gründet die Kirche, und wer sie aufgibt, kann nicht mehr Christ sein noch den christlichen Namen tragen.

Die Dreifaltigkeit ist also heilig und vollkommen. Sie wird bekannt als Gott im Vater und im Sohn und im Heiligen Geist. Sie ist mit nichts vermischt, was ihr fremd oder äußerlich wäre. Sie ist auch nicht zusammengesetzt aus dem Weltenbildner und dem Gewordenen. Die Dreifaltigkeit ist vielmehr ganz Schöpfer und Weltenbildner. Sie ist sich selbst gleich, unteilbar ihrer Natur nach, und ihre Wirksamkeit ist eine. Denn der Vater tut alles durch das Wort im Heiligen Geist, und so wird die Einheit der Dreifaltigkeit gewahrt. So wird in der Kirche der eine Gott verkündet, „der über allem und durch alles und in allem ist". „Über allem" ist er als Vater, als Ursprung und Quelle; „durch alles" ist er im Wort; „in allem" im Heiligen Geist.

Als der heilige Paulus an die Korinther über die Gaben des Geistes schrieb, führte er alles auf den einen Gott, den Vater, als das Haupt zurück, indem er sagte: „Es gibt verschiedene Gnadengaben, aber nur den einen Geist. Es gibt verschiedenen Dienste, aber nur den einen Herrn. Es gibt verschiedenen Kräfte, die wirken, aber nur den einen Gott: Er wirkt alles in allen."

Denn die Gaben, die der Geist den Einzelnen zuteilt, werden vom Vater durch den Sohn gegeben. Alles nämlich, was dem Vater gehört, gehört auch dem Sohn. Deshalb sind die Gaben, die vom Sohn im Geist gegeben werden, wahre Gnadengaben des Vaters. Und wenn der Geist in uns ist, so ist auch das Wort, von dem wir ihn empfangen, in uns, und im Wort ist auch der Vater. Und so erfüllt sich in uns das Wort: Wir werden kommen – ich und der Vater – und bei ihm wohnen. Wo nämlich das Licht ist, da ist auch sein Glanz; wo der Glanz ist, da ist auch sein Wirken und seine strahlende Gnade.

330

Konstantinopel wird eingeweiht; neben Rom gab es nun eine zweite große Stadt – später sollte Byzanz auch das „zweite Rom" genannt werden.

348

Cyrill wird zum Bischof von Jerusalem geweiht; er hält Taufkatechesen in der dortigen Grabeskirche. Beeindruckend ist nicht nur die verständliche Sprache des Katecheten, sondern der heutige Katholik erkennt seinen Glauben voll und ganz in diesen Predigten wieder. Hier werden Texte über die Eucharistie und die „Armen Seelen" vorgestellt.

9. Dies hast du nun gelernt, davon bist du überzeugt: Das, was (äußerlich) wie Brot aussieht, ist nicht Brot – auch wenn es für den Geschmack so scheint –, sondern Leib Christi. Und das, was (äußerlich) wie Wein aussieht, ist nicht Wein – auch wenn der Geschmack es will –, sondern Blut Christi. Darüber hat auch schon David vor langer Zeit gesungen: „Brot stärkt das Herz des Menschen, aufzuheitern das Angesicht durch Öl" (Ps 104,15: LXX Ps 103,15). Stärke das Herz, indem du (das Brot) geistlich nimmst, und heitere das Angesicht der Seele auf! Und wenn du es in reiner Gesinnung enthüllt hast, dann sollst du die Herrlichkeit des Herrn widerspiegeln und fortschreiten von Herrlichkeit zu Herrlichkeit, in Christus Jesus, unserem Herrn (vgl. 2 Kor 3,18). Ihm sei die Herrlichkeit von Ewigkeit zu Ewigkeit. Amen.

21. Wenn du dann hingehst, komm nicht mit vorgestreckten Handflächen oder gespreizten Fingern. Mache die Linke zum Thron für die Rechte, die den König empfangen soll. Mache die Hand hohl, empfange so den Leib Christi und sage „Amen" dazu. Nimm es vorsichtig, heilige die Augen durch die Berührung mit dem heiligen Leib – und pass auf, dass du nicht davon verlierst. Denn wenn du etwas verlierst, so ist das, als littest du an den eigenen Gliedern Schaden. Sag mir: Wenn dir jemand Goldstaub gäbe, würdest du ihn dann nicht mit großer Vorsicht festhalten und aufpassen, dass du nichts davon verlierst und Schaden leidest? Wirst du also nicht noch viel sorgfältiger auf das achten, was wertvoller ist als Gold und Edelsteine, um keine Stücke davon fallen zu lassen?

10. Ich will euch durch ein Beispiel überzeugen. Denn ich weiß, dass viele sagen: Was nützt es einer Seele, die – mit oder ohne Sünden – diese Welt verlassen hat, wenn man ihrer beim Opfer gedenkt? Aber sieh doch: Ein König hat Leute, die ihn beleidigt haben, verbannt. Dann bringen deren Verwandte ihm für die Bestraften einen Kranz, den sie geflochten haben – wird er ihnen dann nicht ihre Strafe erlassen? Genauso handeln auch wir, wenn wir ihn für die Entschlafenen bitten, obwohl sie Sünder sind! Wir flechten allerdings keinen Kranz, sondern bringen den geopferten Christus für unsere Sünden dar. So machen wir uns und ihnen den menschenliebenden Gott geneigt.

353

Auf der Synode von Arles weigert sich der Trierer Bischof Paulinus, als Einziger den hl. Athanasius zu verurteilen. Er musste in die Verbannung wegen seines Eintretens für die wahre Gottessohnschaft Jesu Christi.

354

Augustinus wird in Tagaste/Numidien geboren und später ist er Bischof von Hippo.

Der Kirchenlehrer richtete auch Briefe an seinen Klerus. Dabei spricht er über die Verfolgungen, die in der Kirche vorkommen und die nicht so schmerzhaft sind wie die Nachstellungen der Feinde der Kirche von außen. Hier geht es um die üble Nachrede gegen die Kleriker.

Dass ihr euch durch verleumderische Zungen nicht entmutigen lassen sollt, sagt Gott durch den Propheten auf folgende Weise: „Hört mich, die ihr des Rechtes kundig seid, mein Volk, das mein Gesetz in seinem Herzen trägt! Fürchtet nicht die Schmach vor den Menschen und lasst euch durch ihre üble Nachrede nicht einschüchtern, noch haltet es für etwas Großes, wenn sie euch verachten. Denn wie ein Kleid werden sie im Laufe der Zeit vermodern und wie Wolle von der Motte gefressen werden; meine Gerechtigkeit aber bleibt ewig" (Jes 51,7f.). Um aber nicht durch böswilligen, falschen Argwohn gegen Gottes Diener zugrunde zu gehen, erinnert euch an das Wort des Apostels: „Urteilt nicht vor der Zeit, bis der Herr kommt und das im Dunkel Verborgene erhellt; er wird die Gedanken der Herzen offenbaren, und jedem wird von Gott sein Lob zuteilwerden" (1 Kor 4,5), ebenso an jene Schriftstelle, wo es heißt: „Was bekannt ist, ist für euch; was aber verborgen ist, ist für den Herrn, unsern Gott" (Dtn 29,29).

Wozu aber sitzen sie zusammen, auf was ist ihr Streben gerichtet, als, wenn ein Bischof, ein Geistlicher oder eine Nonne gefallen ist, zu behaupten, so seien alle, nur könne es nicht bei allen ans Licht gezogen werden? Wird irgendeine Ehefrau als Ehebrecherin gefunden, so fällt es ihnen nicht ein, ihre eigenen Frauen zu verstoßen und ihre Mütter anzuklagen. Wird aber Personen geistlichen Standes entweder ein erdichtetes Vergehen unterschoben oder ein wirklich begangener Fehler nachgewiesen, dann bestehen sie darauf, man müsse von allen solches glauben, und sie können nicht genug herumlaufen, um diese Meinung zu verbreiten. Diese also, die Lust aus unseren Schmerzen saugen, können wir mit Recht mit jenen Hunden vergleichen – wenn sie überhaupt in schlimmem Sinne zu deuten sind –, welche die Wunden jenes Armen leckten, der vor der Türe des Reichen lag und alle Leiden und Misshandlungen ertrug, bis er in den Schoß Abrahams gelangte.

355

In Nordafrika blüht die Sekte der Donatisten. Ihr Gründer Donatus wollte eine „reine" Kirche, d. h. die Bischöfe und Priester, die in der Verfolgungszeit mit den Heiden paktiert hatten, sollten ihr Amt niederlegen, weil sie keine gültigen Sakramente spenden würden. Für die Gültigkeit eines Sakramentes verlangt er die Heiligkeit des Spenders.

Das verträgt sich nicht mit der katholischen Lehre, da der Amtsträger unabhängig von seinen sittlichen Qualitäten das Sakrament gültig spendet.

355

In Westfrankreich wird Paulinus von Nola geboren; er wird Staatsbeamter, gründet eine Familie, dann zieht er sich aus Ehe und öffentlichem Leben zurück. 411 wird er Bischof von Nola. Er war ein gründlicher Seelsorger, dichtete und trat mit vielen Geistesgrößen seiner Zeit in Kontakt.

356

Der Mönchsvater Antonius beendet sein Leben im Alter von 105 Jahren. Er war zunächst Eremit, später entwickelten sich unter seiner Führung auch Einsiedeleien, die von mehreren Mönchen besiedelt wurden.

361–363

Kaiser Julian Apostata möchte wieder die alte römische Staatsreligion beleben. Die Versuche haben aber wenig Erfolg.

361 / 362

In St. Constanza/Rom entstehen Mosaike. Das eine zeigt, wie Christus dem hl. Petrus die Schlüssel übergibt; auf dem anderen gibt Christus dem Petrus eine Gesetzesrolle im Beisein des hl. Paulus. Damals regierte in Rom Papst Damasus, der sich sehr um die Renovierung der Kirchen kümmerte – und zugleich seinen Primat zu betonen wusste. Die Synode von Rom im Jahr 382 legt eine Liste der Kanonischen Bücher vor; Mosaike und dieses Dokument können in einem Zusammenhang stehen.

Nun aber ist von den göttlichen Schriften zu handeln, was die allgemeine katholische Kirche anerkennt und was sie meiden muss.

Zu Beginn die Ordnung des Alten Testamentes. 1 Buch Genesis; 1 Buch Exodus; 1 Buch Levitikus; 1 Buch Numeri; 1 Buch Deuteronomium; 1 Buch Josua; 1 Buch Richter; 1 Buch Rut; 4 Bücher Könige (= 2 Bücher Samuel, 2 Bücher Könige); 2 Bücher Chronik; 1 Buch 150 Psalmen [Psalter]; 3 Bücher Salomos: 1 Buch Sprüche, 1 Buch Prediger á = Kohelet, 1 Buch Hohelied; ebenso 1 Buch Weisheit, 1 Buch Jesus Sirach.

Ebenso die Ordnung der Propheten. 1 Buch Jesaja; 1 Buch Jeremia, mit den Qinoth, d. h. seinen Klageliedern; 1 Buch Ezechiel; 1 Buch Daniel; 1 Buch Hosea; 1 Buch Amos; 1 Buch Micha; 1 Buch Joel; 1 Buch Obadja; 1 Buch Jona; 1 Buch Nahum; 1 Buch Habakuk; 1 Buch Zefanja; 1 Buch Haggai; 1 Buch Sacharja; 1 Buch Maleachi.

Ebenso die Ordnung der Geschichtsbücher. 1 Buch Ijob; 1 Buch Tobit; 2 Bücher Esra = 1 Esra, 1 Nehemia; 1 Buch Ester; 1 Buch Judit; [-!] 2 Bücher Makkabäer.

Ebenso die Ordnung der Schriften des Neuen und ewigen [-!] Testa-

mentes, die die heilige und katholische [Römische] Kirche anerkennt [und verehrt]. [4 Bücher] Evangelien: 1 Buch nach Matthäus; 1 Buch nach Markus; 1 Buch nach Lukas; 1 Buch nach Johannes.

[Ebenso 1 Buch der Apostelgeschichte.]

14 Briefe des [Apostels] Paulus: 1 [Brief] an die Römer, 2 [Briefe] an die Korinther, 1 an die Epheser, 2 an die Thessalonicher, 1 an die Galater, 1 an die Philipper, 1 an die Kolosser, 2 an Timotheus, 1 an Titus, 1 an Philemon, 1 an die Hebräer.

Ebenso 1 Buch der Offenbarung des Johannes.

Und 1 Buch der Apostelgeschichte. [-! s. oben]

Ebenso 7 kanonische Briefe: 2 Briefe des Apostels Petrus, 1 Brief des Apostels Jakobus, 1 Brief des Apostels Johannes, 2 Briefe eines anderen Presbyters Johannes, 1 Brief des Apostels Judas, des Eiferers.

Ende des Kanons des Neuen Testamentes.

367

In Poitiers stirbt der hl. Hilarius. Er bekämpfte den Arianismus und verteidigte die Lehre von der göttlichen Dreifaltigkeit.

Bischof Martin bekommt das Bistum Tours. Er bleibt aber weiter seinen mönchischen Idealen treu. Zu seiner Zeit wird die Seelsorge nicht mehr nur über Klöster wahrgenommen, sondern immer mehr entwickelt sich das Pfarrprinzip.

374

Ambrosius wird zum Bischof von Mailand geweiht. Sein theologisches Werk ist sehr umfangreich; ebenso dichtete er Hymnen. Er trat für die Freiheit der Kirche ein und wurde zu einem der Kirchenlehrer.

In seinem Buch „Über die Mysterien" handelt er von den Sakramenten der Kirche. Und es stellt sich auch die Frage, ob denn die Gültigkeit eines Sakramentes durch die Sündhaftigkeit eines Priesters gefährdet ist. Ambrosius lenkt den Blick vom „Aussehen" des Priesters auf dessen „Amt". Durch das Amt hindurch ist gewährleistet, dass das Sakrament in jedem Fall gültig ist.

> *6. Du hast dort den Leviten gesehen, du hast den Priester gesehen, du hast den Bischof gesehen. Achte nicht auf die körperliche Gestalt, sondern auf die Gnadengabe der Dienste. In Gegenwart von Engeln hast du dein Wort gegeben, wie geschrieben steht: „Die Lippen des Priesters bewahren die Erkenntnis, und aus seinem Mund erbittet man das Gesetz; denn er ist ein Engel des allmächtigen Herrn" (Mal 2,7). Da gibt es weder Täuschung noch Leugnung: Ein Engel ist, wer das Reich Christi, wer das ewige Leben verkündet. Dabei sollst du nicht das Aussehen, sondern den Dienst würdigen. Bedenke, was er dir übergeben hat, erwäge sein Tun und erkenne seine Stellung an!*

379–395

Die Gemahlin Placilla des Kaisers Theodosius arbeitet in einem der vielen Xenodochien. Neben den Kirchen entstanden, sobald die Kirche Geld hatte, zunächst Fremdenherbergen, die sich nach und nach in Pflegeheime oder auch „Krankenhäuser" umwandelten.

Man darf daran erinnern, dass die Kirche es gewesen ist, die letztlich

Krankenhäuser erfunden hat – im Römischen Weltreich gab es zwar Militärlazarette, aber nicht Krankenhäuser, die flächendeckend die Kranken versorgten.

Die Macht der kaiserlichen Würde verleitete Placilla nicht zum Hochmut, sondern entflammte ihr Verlangen nach Gott noch mehr, indem die Größe der Wohltat ihre Liebe zum Wohltäter nur noch steigerte. So trug sie zum Beispiel für die körperlich Verstümmelten und an allen Gliedern Beschädigten mannigfaltige Sorge. Und sie bediente sich dabei nicht etwa der Hilfe ihrer Dienerschaft oder der Leibwache, sondern sie unterzog sich persönlich der Mühe, suchte deren Hütten auf und brachte jedem das Notwendige. So durchwanderte sie auch die Fremdenherbergen der Kirchen und pflegte die bettlägerigen Kranken mit eigener Hand, indem sie selbst die Töpfe in die Hand nahm, die Suppe verkostete, die Schüssel herbeibrachte, das Brot brach, den Bissen darreichte, den Becher ausspülte und alles andere tat, was sonst als Sache der Diener und Dienerinnen angesehen wird. Und wenn man sie von solchen Dienstleistungen abhalten wollte, gab sie zur Antwort: „Wohl kommt es der kaiserlichen Würde zu, Gold zu verteilen; ich aber will gerade zum Dank für die Verleihung der kaiserlichen Würde ihrem Spender meinen persönlichen Dienst zum Opfer bringen." Ihrem Gemahl pflegte sie immer wieder zu sagen: „Mann, du sollst beständig bedenken, was du früher gewesen und was du jetzt bist! Wenn du dies fortwährend beherzigst, wirst du gegen den Wohltäter nicht undankbar sein, sondern die empfangene Herrschaft nach Recht und Gerechtigkeit führen und damit den ehren, der sie dir verliehen hat."

381

1. Konzil von Konstantinopel; die Gottheit des Heiligen Geistes wird endgültig definiert.

382

Hieronymus wird Sekretär von Papst Damasus. Nach dessen Tod kann er sich in Rom nicht mehr halten, sondern er geht ins Heilige Land. Hier errichtete er eine Herberge in Bethlehem. Er war ein sehr polemischer Geist; viele seiner Schriften sind von einer Strenge durchzogen, die nicht selten befremdlich ist. Seine Verdienste erwarb er als Übersetzer der Hl. Schrift. Die „Vulgata", der lateinische Bibeltext der Kirche, geht auf sein Wirken zurück. Die Kirche hat ihn zum Kirchenlehrer ernannt. Die Gebeine des Heiligen liegen in S. Maria Maggiore – in der Krypta wird die Weihnachtskrippe verehrt. Nun ist er wieder vom Hl. Land zurück nach Rom gekommen.

387

In Ostia bei Rom stirbt Monika, die Mutter des Kirchenlehrers Augustinus. In seinen „Confessiones" gibt der Heilige die Gespräche wieder, die er mit seiner Mutter im Angesicht des Todes geführt hat – diese Gespräche gehören mit zu den tiefsten Dialogen der Weltliteratur.

397

Johannes Chrysostomos wurde zum Patriarch von Konstantinopel erwählt und 404 vom Kaiser in die Verbannung geschickt. Er war sehr bedrückt über die ständigen Eingriffe der Politik in die Kirchenangelegenheiten. In seinen Schriften kann er aber die Herrlichkeit der Kirche auch schon in der Geschichte erkennen.

Wo in der Welt gibt es etwas Gewaltigeres als die Kirche Gottes? Nenn mir nicht Mauerwerk, nenn mir nicht Waffen! Mauern zerbröckeln im Zeitstrom, die Kirche wird niemals alt. Mauern werden erstürmt von Barbaren, aber selbst Dämonen besiegen nicht die Kirche.

Das ist nicht prahlender Wortprunk, dafür zeugt die Geschichte. Wie viele haben schon Krieg geführt gegen die Kirche! Die Feinde all sind in den Staub gesunken, aber die Kirche entschwingt sich über die Himmel. Denn das ist der Kirche erhabenes Merkmal: Man bekämpft sie, aber sie bleibt Siegerin. Man beschleicht sie, aber sie bleibt Herrin. Man demütigt sie, aber glanzvoller steht sie wieder auf.

Hören sollen es die Griechen, aufhorchen sollen die Juden: Das ist unser tiefstes Glück, dass Herrscherin ist die Kirche!

Wie viele haben der Kirche schon den Krieg erklärt, aber hat je einer sie besiegt? Wie viel Tyrannen, wie viel Heerführer, wie viel Könige, Augustus, Tiberius, Caius, Claudius, Nero, Männer des Geistes und Männer der Faust – alle sind sie ausgezogen, um dieses ach noch so zarte Pflänzchen auszurotten. Aber die Wurzel war stark. Ja, so ist es. Die Kirchenstürmer hat man vergessen und der Strom des Schweigens hat sie weggespült. Die Kirche, immer in Kriegen, entschwingt sich hinauf über alle Himmel.

Starrt mir drum nicht immer auf die Kirche, wie sie noch auf Erden pilgert! Schaut doch, wie sie schon daheim ist im Himmel!

Aber woher weiß ich denn das? Das weiß ich eben aus dem Ablauf ihrer irdischen Geschichte. Es begann der Krieg gegen elf Apostel, eine Weltenfront stand wider sie auf, aber die Bekriegte siegte und die Feinde hat es weggefegt. Schafe waren stärker als Wölfe. Hast du nicht gelesen, wie der Gute Hirt die Apostel aussandte wie Schafe unter die Wölfe, mitten unter die Wölfe, auf dass sie sich nicht einmal durch

Flucht könnten retten? Wo ist ein Hirt, der solches tut? Christus hat es getan, um dir zu zeigen, dass unsere Seligkeit nicht gewirkt wird nach den Gesetzen menschlichen Tuns, sondern nach einem Denken, das jenseits liegt aller Dinge. Die Kirche hat die Wurzel ihres Lebens eingesenkt im Himmel!

Wenn du den Worten nicht glaubst, glaube den Tatsachen! Wie viele Tyrannen wollten der Kirche Herr werden? Da waren Opferpfanne, Feueröfen, Zähne der Bestien, geschliffene Schwerter, aber alles umsonst. Wo sind heute die Kirchenfeinde? Kein Mensch spricht mehr von ihnen, weggespült hat sie das Vergessen.

Und wo ist die Kirche? Sie überstrahlt an Glanz die Sonne. Die Feinde sind ausgelöscht, die Kirche ist unsterblich.

Wenn einst ein Häuflein Christen nicht konnte besiegt werden, wie sollte sie heute nicht Siegerin bleiben, wo der Erdkreis erfüllt ist vom wahren Glauben an Gott?

„Himmel und Erde vergehen, mein Wort vergeht nicht." Wahr ist das, denn Gott liebt seine Kirche mehr als sein Himmelszelt. Nicht Fleisch vom Himmel hat er angenommen, sondern das Fleisch der Kirche.

Der Himmel ist geschaffen für die Kirche, nicht die Kirche für den Himmel!

412

In Alexandrien wird Cyrill Bischof. Auf dem Konzil von Ephesus im Jahr 431 tritt er für den Titel „Gottesgebärerin" gegen den Irrlehrer Nestorius ein.

Als Theologe befasste er sich mit der Lehre von der Dreifaltigkeit und der Gottessohnschaft Christi.

431

Konzil von Ephesus. Gegen die Irrlehre des Nestorius wird die Gottesmutterschaft Mariens definiert.

431

Petrus Chrysologus wird Bischof von Ravenna. Die Stadt war damals Residenzstadt, als das Römische Weltreich verfiel. Er trat sehr für den Primat des Bischofs von Rom ein und machte sich einen Namen als Prediger und Theologe.

434

Vinzenz von Lérins verfasst im Inselkloster vor Cannes seine „Mahnschrift gegen die Häretiker" (Commonitorium adversus Haereticos). Durch seine Auseinandersetzung mit den Irrlehren kann er präzise fassen, was katholische Lehre ist. Gegen alle Spaltungen und Neuerungen arbeitet er heraus, dass das Katholische in der Kirche das ist, was von allen immer und überall fest geglaubt worden ist.

In Krisenzeiten, wie etwa im 16. Jahrhundert oder auch in der letzten Hälfte des 20. Jahrhunderts, ist das Buch stets neu entdeckt worden.

> *Hier möchte vielleicht einer fragen: Da der Schriftkanon vollkommen ist und für sich allein zu allem genug und übergenug hinreicht, warum ist es nötig, mit demselben noch die Autorität der kirchlichen Erkenntnis zu verbinden? Deshalb, weil nämlich nicht alle die Heilige Schrift vermöge der ihr eigenen Tiefe in einem und demselben Sinne nehmen, sondern ihre Aussprüche der eine so, der andere anders deutet, so dass es fast den Anschein hat, es könnten daraus ebenso viele Meinungen, als es Menschen gibt, entnommen werden. Denn anders*

erklärt sie Novatian, anders Sabellius, anders Donatus, anders Arius, Eunomius, Maccedonius, anders Photinus, Coelestius, anders endlich Nestorius. Und deshalb ist es wegen der so großen Winkelzüge so verschiedenen Irrtums sehr notwendig, dass bei der Auslegung der prophetischen und apostolischen Bücher die Richtschnur nach der Norm des kirchlichen und katholischen Sinnes gezogen werde.

Ebenso muss man in der katholischen Kirche selber sehr dafür Sorge tragen, dass wir das festhalten, was überall, was immer, was von allen geglaubt worden ist. Denn das ist wahrhaft und eigentlich katholisch, wie schon die Bedeutung und der Sinn des Namens erklärt, welcher so viel wie „allüberall (allumfassend)" besagt. Dies aber wird nur dann geschehen, wenn wir der Allgemeinheit, dem Altertum, der Übereinstimmung folgen. Wir werden aber der Allgemeinheit auf die Weise folgen, wenn wir bekennen, dass jener eine Glaube der wahre sei, welchen die ganze auf dem Erdkreise verbreitete Kirche bekennt. Dem Altertume aber so, wenn wir uns unter keinen Umständen von jenen Ansichten entfernen, von welchen klar ist, dass ihnen die heiligen Vorfahren und unsere Väter gehuldigt haben. Ebenso auch der Übereinstimmung, wenn wir innerhalb des Altertums selber uns den Bestimmungen und Aussprüchen aller oder doch wenigstens fast aller Priester (Bischöfe) und Lehrer anschließen.

Da dem so ist, so ist jener ein wahrer und echter Katholik, welcher die Wahrheit Gottes, welcher die Kirche, welcher den Leib Christi liebt, welcher der göttlichen Religion, welcher dem katholischen Glauben nichts vorzieht, nicht das Ansehen irgendeines Mannes, nicht die Liebe, nicht das Genie, nicht die Beredsamkeit, nicht die Philosophie, sondern dies alles gering achtend und im Glauben fest gegründet standhaft verbleibt und sich entscheidet, nur allein das, wovon er erkennt, dass es die katholische Kirche in universeller Weise von alters her festgehalten habe, selber auch festzuhalten und zu glauben, das aber, wovon er sieht, dass es von irgendeinem im Gegensatze zu allen oder im Widerspruche gegen alle Heiligen als neu und unerhört eingeführt wird, nicht als zur Religion, sondern vielmehr zur Versuchung gehörig erachtet, indem er sich besonders auch durch die Aussprüche des seligen Apostels Paulus berichten lässt. Denn so lautet, was er im ersten Briefe an die Korinther schreibt (1Kor 11,19): „Es ist notwendig", sagt er, „dass auch Häresien seien, damit die Bewährten offenbar werden unter euch"; gleich als wenn er sagen wollte: Deshalb werden nicht sogleich die Urheber der Häresien durch göttliche Strafe ausgerottet, damit die Bewährten offenbar werden, das heißt, damit es von jedem sich zeige, wie standhaft und getreu er in der Liebe zum katholischen Glauben feststehe. Und in der Tat, wenn irgendeine Neuerung auftaucht, ersieht man sogleich die Schwere der Fruchtkörner und die Leichtigkeit der Spreu; dann wird ohne große Anstrengung aus der Tenne hinausgeweht, was ohne Gewicht zu haben innerhalb der Tenne sich befand. Denn die einen fliegen sogleich ganz davon, andere aber, die nur fortgetrieben worden, fürchten sich zugrunde zu gehen und schämen sich zurückzukehren, wund, halbtot und halblebendig, dass sie nämlich eine solche Menge Gift getrunken haben, dass es weder tötet noch sich verdauen lässt, weder zu sterben zwingt noch auch zu leben gestattet. O erbarmungswürdiger Zustand! Von welch heftig beängstigenden Sorgen, von welch argen Stürmen werden sie umhergetrieben! Denn bald werden sie, wohin der Wind sie treibt, von Trieben des Irrtums fortgerissen; bald zu sich selber gekommen, werden sie wie abprallende Wogen zurückgeschlagen; bald geben sie in frevelhafter Anmaßung ihre Beistimmung auch zu dem, was sich als ungewiss zeigt; bald schrecken sie in unsinniger Furcht auch vor dem zurück, was gewiss ist, unentschlossen, wohin sie gehen, wohin sie sich wenden, was sie anstreben, was fliehen, was sie festhalten, was preisgeben sollen. Diese Bedrängnis des zweifelhaften und schwankenden Herzens ist indessen für sie eine Arznei der göttlichen Erbarmnis, wenn sie vernünftig sind. Denn deshalb werden sie außerhalb des sicheren Hafens des katholischen Glaubens von verschiedenen Stürmen der Gedanken umhergetrieben und gepeitscht und fast zu Tode gehetzt, damit sie die hochgespannten Segel ihres übermütigen Sinnes einziehen, welche sie zu ihrem Unheil von den Winden der Neuerung hatten anschwellen lassen, und sich in den so ganz zuverlässigen Ankerplatz der sanften und guten Mutter zurückziehen und darin liegen bleiben und jene bitteren und stürmischen Fluten der Irrtümer vorerst wieder von sich geben, um nachher von Strome lebendigen und sprudelnden Wassers trinken zu können. Verlernen sollen sie zu ihrem Heile, was sie zu ihrem Unheile gelernt hatten, und sollen von der ganzen Glaubenslehre der Kirche, was mit dem Verstande erfasst werden kann, erfassen, was nicht erfasst werden kann, glauben.

451

Das Konzil von Chalcedon befasst sich mit der Frage, wer Jesus Christus ist. Es definiert die Zweinaturenlehre; in Jesus, der einen Person, gibt es eine menschliche und eine göttliche Natur.

+ 461

Papst Leo der Große übte sein Petrusamt sehr deutlich aus. Er griff durch seinen Brief an die Konzilsväter von Chalcedon im Jahr 451 zugunsten der katholischen Christologie ein; ein Jahr später verteidigte er Rom bei seinem Treffen mit dem Hunnenkönig Attila.

Leo war ein fruchtbarer Theologe und ein brillanter Prediger. Der Auszug aus „Sermo 3" spiegelt seine Lehre vom päpstlichen Primat gut wider. Der Apostel Simon Petrus ist nicht nur eine (nun) verstorbene Persönlichkeit, sondern die Festigkeit seines Glaubens an Jesus, den Sohn Gottes, dauert an in seinen Nachfolgern.

> *Meine Lieben, zwar erweise ich mich in der Führung meines Amtes als schwach und lässig, und wenn ich etwas mit Hingabe und Eifer zu tun wünsche, sehe ich mich durch die Schwachheit meiner Natur gehemmt; doch halte ich mich an die unerschöpfliche Nachsicht des allmächtigen und immerwährenden Priesters. Uns ähnlich und dem Vater gleich, hat er seine Gottheit in die Menschlichkeit erniedrigt und die Menschheit in seine Göttlichkeit erhoben. Dankbar freuen wir uns seiner Fügung: Wiewohl er die Sorge für seine Schafe vielen Hirten übertragen hat, hat er doch selbst den Schutz seiner geliebten Herde nicht aus der Hand gegeben.*
>
> *Von der obersten und ewigen Machtfülle Christi habe ich auch die Vollmacht für das apostolische Werk empfangen, die sicherlich seines Beistandes nicht entbehrt. Die Festigkeit des Fundamentes, über dem der ragende Bau der ganzen Kirche sich erhebt, gibt nicht nach unter der Last des Tempels, der darauf ruht.*
>
> *Denn die Festigkeit jenes Glaubens, die am Fürsten der Apostel gerühmt worden ist, dauert fort; wie der Glaube des Petrus an Christus fortdauert, so auch, was Christus in Petrus begründet hat. Es bleibt bei dem, was die Wahrheit geplant hat: Der heilige Petrus verharrt in der ihm geschenkten Festigkeit des Felsens und lässt das Steuer der Kirche, das ihm anvertraut ist, nicht los.*

Wenn er Fels genannt, zum Fundament erklärt, zum Pförtner des Himmelreiches bestellt wird, wenn er zum Richten über Binden und Lösen gesetzt wird und auch im Himmel das von ihm gefällte Urteil gilt, so ist Petrus vor den andern ausgezeichnet worden, damit wir an den bedeutungsvollen Bezeichnungen erkennen, wie eng er mit Christus verbunden ist; er, der heute die ihm übertragenen Aufgaben in noch größerem Umfang und noch viel kraftvoller durchführt, der seinen Pflichten und Sorgen in allen Teilen gerecht wird: in ihm und mit ihm, durch den er verherrlicht worden ist.

Wenn nun ich etwas recht tue und richtig entscheide, wenn ich durch tägliches Beten von der Barmherzigkeit Gottes etwas erlange, so liegt es am Wirken und Verdienst dessen, bei dessen Sitz noch immer seine Vollmacht lebt und seine Autorität leuchtet.

Das ist die Frucht des Bekenntnisses, liebe Brüder, das von Gott, dem Vater, dem Herzen des Apostels eingegeben wird, das alle Unsicherheit menschlicher Meinungen hinter sich ließ und fest wurde wie ein Fels, der durch keinen Ansturm erschüttert werden sollte.

In der ganzen Kirche spricht Tag für Tag Petrus: „Du bist der Messias, der Sohn des lebendigen Gottes" (Mt 16,16). In jeder Zunge, die den Herrn bekennt, waltet das Lehrwort dieser Stimme.

2. HÄLFTE DES 5. JAHRHUNDERTS

Die römische Grabinschrift (heute: Lateranmuseum, Rom) verweist angesichts des Sterbens des Kindes Magus auf die mütterlichen Tröstungen der heiligen Kirche.

Magus, du liebes, heiliges Kindlein,
Nun bist du droben bei seligen Brüdern.

Wie ist so wandellos glücklich dein Leben,
Wie magst du fröhlich sein, da dich beim Heimgang
Aus dieser Welt in Liebe umarmte
Unsere heilige Mutter, die Kirche.
Nein, du mein Herz, nicht darfst du mehr stöhnen,
Augen, hört auf, so bitter zu weinen.

1. HÄLFTE DES 6. JAHRHUNDERTS

Der Priester Goar errichtet in der Nähe von Oberwesel am Rhein ein Hospiz für Reisende und Rheinschiffer. Nach einem Wort Wilhelm Buschs „Man sieht, dass selbst der beste Mann / nicht allen Leuten gefallen kann ..." wird Goar verleumdet. Der Heilige ging aber seinen Weg weiter.

Die Gastlichkeit wurde dem Herbergsvater am Rhein Anlass einer Verleumdung beim Bischof von Trier.

Goar führe ein ungeistliches Leben, sei unmäßig im Essen und Trinken. Zwei Priester, die behaupteten, viel Böses von Goar zu wissen, schickte der Bischof zum Einsiedler, um die Anklage zu prüfen und Goar mit nach Trier zu bringen. Dort sollte er sich vor dem Bischof verantworten.

Wie all seinen Besuchern, setzte Goar auch den Abgesandten des Bischofs ein reichliches Mahl und Wein vor. Die beiden Priester lehnten jedoch die guten Gaben Gottes ab und empfahlen Goar Beherrschung und Maß im Essen und Trinken, die einem Priester besser anstünden als Schwelgerei. Goar antwortete, was ihnen aus Liebe angeboten würde, könnten sie unbedenklich auch mit Liebe annehmen. Die beiden Priester forderten dann Goar auf, unverzüglich mit ihnen nach Trier zum Bischof zu reisen. Die Reise nach Trier war ein mühseliger Weg, der über Berg und Tal führte. Während seine Begleiter bald erschöpft waren von Hitze, Hunger und Durst, schritt Goar weiter. Er hatte reichlichen Mundvorrat eingepackt. Als er nun sah, dass die beiden Priester vor Erschöpfung fast von ihren Pferden fielen, bot er ihnen eine Stärkung an. Diesmal widerstanden sie nicht. Unterwegs betete Goar, bis sie in Trier angelangt waren. Er begab sich sofort in eine Kirche, und die Priester suchten den Bischof auf. Der wunderte sich nun, dass statt der Gegner des Goar Bewunderer des Heiligen vor ihm standen. Goar konnte sich auch durch Wunder vor dem Bischof rechtfertigen.

529

Benedikt von Nursia war zunächst Student in Rom; er zog ins Anio-Tal, dann auf den Monte Cassino, um ein gottgeweihtes Leben zu führen. Sein Orden kennt die „stabilitas loci", d. h. der Mönch bindet sich für sein Leben an ein Kloster. Inhalt des klösterlichen Lebens ist das Stundengebet in Gemeinschaft, die Eucharistiefeier und zugleich auch die Arbeit. Das Kloster steht finanziell auf eigenen Füßen. Durch die klostereigenen Werkstätten wurde der Benediktinerorden zu einem wichtigen Faktor des wirtschaftlichen Lebens.

Papst Gregor der Große verfasste eine Lebensbeschreibung des Mönchsvaters Benedikt („Dialoge").

> *Gregor: Petrus, gib Acht! Der Mann Gottes Benedikt besaß den Geist des Einen, den Geist dessen, der die Gnade der Erlösung schenkt und die Herzen aller Berufenen erfüllt. Von ihm sagt Johannes: „Er war das wahre Licht, das jeden Menschen erleuchtet,*

der in diese Welt kommt." Und weiter: „Aus seiner Fülle haben wir alle empfangen."

Die Heiligen Gottes können Wunderkräfte vom Herrn empfangen, nicht aber anderen weitergeben. Er gab denen, die sich ihm unterwarfen, Zeichen der Wunderkraft, denen, die sich widersetzten, wollte er aber nur das Zeichen des Jona geben; er will in den Augen der Hochmütigen sterben, in den Augen der Demütigen auferstehen, damit die einen sehen, was sie verachten, die anderen, was sie verehren und lieben.

Aus diesem Geheimnis ergibt sich, dass die Stolzen im Tod nur die Schmach sehen, die Demütigen dagegen den Tod als Ruhm Seiner Macht erkennen.

Petrus: Lass mich nun bitte wissen, wohin der heilige Mann gezogen ist und ob er auch dort Wunder getan hat.

Gregor: Der heilige Mann zog fort. Der Ort änderte sich, nicht aber der Feind. Denn von jetzt an hatte er umso härtere Kämpfe zu bestehen, je mehr er einsah, dass der Meister der Bosheit offen gegen ihn kämpfte.

Ein befestigter Ort mit Namen Casinum liegt am Abhang eines hohen Berges. Dieser Ort schmiegt sich in eine weite Mulde des Berges, der sich über drei Meilen zur vollen Höhe erhebt. Mit seinem Gipfel ragt er gleichsam in den Himmel. Dort stand ein uraltes Heiligtum, wo nach dem Brauch der heidnischen Vorfahren die einfältige Landbevölkerung den Gott Apollo verehrte. Ringsum waren heilige Haine gewachsen, die dem Dämonenkult dienten. Hier plagten sich noch damals viele uneinsichtige Heiden mit ihren Götzenopfern ab.

An diesen Ort kam nun der Mann Gottes. Er zerstörte das Götterbild, stürzte den Altar um, holzte die heiligen Haine ab. Im Tempel des Apollo errichtete er ein Oratorium zu Ehren des heiligen Martin, und an der Stelle des Apolloaltares erbaute er ein Oratorium zu Ehren des heiligen Johannes.

Den Leuten, die ringsum wohnten, verkündete er beharrlich die Frohe Botschaft und rief sie so zum Glauben.

533

Fulgentius von Ruspe (+) war zu seiner Zeit einer der bedeutendsten Theologen. Er wandte sich gegen die Arianer und wurde Fürsprecher der Bischöfe Afrikas, die von den Vandalen verfolgt wurden.

In seiner 1. Predigt (Sermo 1) zeigt er den inneren Zusammenhang von Apostel- und Bischofsamt auf. Die Kirche kann er „übernatürlich" sehen, d. h. sie ist zuerst und immer die heilige und katholische Gemeinschaft, die durch das kostbare Blut Christi erworben wurde.

Als der Herr seinen Dienern, die er zu Vorstehern über sein Volk machte, ihre besondere Aufgabe darlegen wollte, sagte er: „Wer ist denn der treue und kluge Verwalter, den der Herr einsetzen wird, damit er seinen Dienern zur rechten Zeit gibt, was sie zum Leben brauchen? Wohl dem Knecht, den der Herr damit beschäftigt findet, wenn er kommt" (Lk 12, 42–43).

Wer ist dieser Herr, liebe Brüder? Ohne Zweifel Christus, der zu seinen Jüngern sagt: „Ihr nennt mich Meister und Herr, und ihr habt recht, denn ich bin es" (Joh 13,13).

Wer gehört zur Dienerschaft dieses Herrn? Selbstverständlich jene, die der Herr aus Feindeshand zurückgekauft und seiner Herrschaft einverleibt hat. Diese Dienerschaft ist die heilige katholische Kirche, die sich in reicher Fruchtbarkeit auf dem ganzen Erdkreis ausbreitet und sich rühmt, mit dem kostbaren Blut ihres Herrn zurückgekauft zu sein. „Denn der Menschensohn ist", wie er selbst sagt, „nicht gekommen, um sich dienen zu lassen, sondern um zu dienen und sein Leben hinzugeben als Lösegeld für viele" (Mt 20,28).

Er ist auch der gute Hirt, der sein Leben für seine Schafe gibt (Joh 10,11). Die Herde des guten Hirten ist also die Dienerschaft des Erlösers.

Wer der Verwalter sei, der ebenso treu wie klug sein muss, zeigt uns der Apostel Paulus, wenn er von sich und seinen Amtsbrüdern sagt: „Als Diener Christi soll man uns ansehen und als Verwalter göttlicher Geheimnisse. Von Verwaltern verlangt man, dass sie sich treu erweisen" (1 Kor 4,1).

Damit aber keiner von uns glaubt, allein die Apostel seien Verwalter geworden, und als fauler Knecht untreu und unklug die Amtspflicht des geistlichen Kriegsdienstes vernachlässigt und schläft, hat der heilige Apostel gezeigt, dass auch die Bischöfe Verwalter sind: „Wer einer Gemeinde vorsteht, muss unbescholten sein; denn er verwaltet das Haus Gottes" (Tit 1,7). Wir sind also Knechte des Hausvaters, sind Verwalter des Herrn und haben das Maß Weizen bekommen, das wir an euch ausgeben sollen.

Wenn wir nun fragen, worin dieses Maß Weizen besteht, zeigt auch dies der heilige Apostel Paulus, wenn er sagt; „Jedem nach dem Maß des Glaubens, das Gott ihm zugeteilt hat" (Röm 12, 3).

Was also Christus Maß des Weizens nennt, heißt bei Paulus Maß des Glaubens; so sollen wir erkennen, dass der geistliche Weizen nichts anderes ist als der christliche Glaube, dieses ehrwürdige Geheimnis. Dieses Maß Weizen geben wir euch im Namen des Herrn, sooft wir, von der Gabe geistlicher Gnade erleuchtet, nach der Richtschnur des *wahren Glaubens predigen. Eben dieses Maß Weizen bekommt ihr durch die Verwalter des Herrn, wenn ihr täglich von den Dienern Gottes das Wort der Wahrheit hört.*

547

Auf dem Monte Cassino/Süditalien stirbt der hl. Ordensgründer Benedikt. Seine Ordensregel wird für viele Jahrhunderte die maßgebliche Vorgabe des europäischen Mönchtums sein.

Viele Orden gründeten sich neu mit dem Vorsatz, die Benediktsregel wieder zu leben.

Der Orden des hl. Benedikts fügt Europa zu einer geistlichen und kulturellen Einheit zusammen.

597

Papst Gregor der Große schickt Augustinus nach England. Bald schon wird Canterbury zum Sitz eines Erzbischofs und die Missionierung der britischen Insel kann weiterkommen.

636

In Spanien stirbt Bischof Isidor, einer der großen Wissenschaftler, nicht nur in seiner Zeit. Seine Schriften wirken noch lange in den Theologenschulen nach.

673

Der hl. Beda wird in England geboren. Der Mönch wird später die „Kirchengeschichte der Angeln" schreiben und durch viele Kommentare die

Hl. Schrift erklären. Berühmt ist er auch wegen seines Martyrologiums. Er gehört zu den großen Theologen der Karolingerzeit.

Um 689

Der hl. Kilian wird ermordet, weil er für das kirchliche Eherecht eintritt. Er stammte aus Irland und wurde als Wandermönch Bischof von Würzburg.

Um 695

Die Missionierung Deutschlands vollzog sich in großen Teilen von den englischen Inseln aus. Der hl. Beda verfasste die „Kirchengeschichte des englischen Volkes" und teilte darin auch viele Details über die Germanenmission mit.

Die Quelle legt Wert auf die tägliche Zelebration der Missionare; dazu wird auch das Stundengebet der Priester erwähnt.

Verehrt werden die beiden unten erwähnten Missionare in der Kölner Kirche St. Kunibert; dort erhob der hl. Erzbischof Anno 1074 die Reliquien.

Ihrem Beispiel folgten zwei Priester aus dem Volke der Engländer, die lange Zeit um der ewigen Heimat willen in Irland im Exil gelebt hatten, und gingen in das Land der Altsachsen, um dort vielleicht einige durch Predigen für Christus zu gewinnen. Sie hatten beide sowohl die Hingabe als auch den Namen gemeinsam, denn jeder von ihnen hieß Hewald, jedoch mit dem Unterschied, dass wegen der verschiedenen Haarfarbe der eine Hewald der Schwarze, der andere Hewald der Weiße genannt wurde. Jeder von ihnen war von Liebe zur Frömmigkeit erfüllt, aber Hewald der Schwarze war mehr mit der Kenntnis der heiligen Schriften vertraut. Als sie in das Land kamen, genossen sie die Gastfreundschaft eines Vogts und baten ihn, zu dem Fürsten, der über ihm war, geführt zu werden, weil sie eine Botschaft und eine nützliche Sache hätten, die sie ihm überbringen sollten. Diese Altsachsen haben nämlich keinen König, sondern viele Fürsten, die an der Spitze ihres Stammes stehen und im wichtigen Augenblick eines Kriegsausbruches untereinander das Los werfen und demjenigen, auf den das Losstäbchen zeigt, alle folgen und gehorchen als Führer für die Dauer des Krieges; wenn aber der Krieg vorbei ist, werden alle wieder Fürsten mit gleicher Macht. Der Vogt nahm sie also auf, versprach, wie sie wünschten, sie zu dem Fürsten, der über ihm war, zu schicken, und behielt sie einige Tage.

Als sie von den Barbaren als einer anderen Religion zugehörig erkannt wurden, denn sie widmeten sich immer Psalmen und Gebeten und brachten Gott täglich das Heilsopfer dar, wofür sie heilige Gefäße und einen geweihten Tisch anstelle eines Altars bei sich hatten, schöpften jene Verdacht, dass sie, wenn sie zum Fürsten kämen und mit ihm sprächen, diesen von ihren Göttern abbringen und zur neuen Religion des christlichen Glaubens bekehren würden und so ihr ganzes Land allmählich gezwungen würde, die alte Religion gegen die neue zu tauschen. Daher entführten und töteten sie diese unerwartet, Hewald den Weißen mit einem schnellen Schwertschlag, den Schwarzen aber durch lange Marter und Folter und in schrecklicher Weise durch Ausreißen aller Glieder; die Ermordeten warfen sie in den Rhein. Als dies der Fürst, den sie hatten aufsuchen wollen, hörte, war er sehr zornig, dass den Fremden, die ihn hatten besuchen wollen, dies nicht gestattet worden war, und er ließ alle jene Dorfbewohner töten und brannte das Dorf nieder. Die erwähnten Priester und Diener erlitten den Tod am 3. Oktober.

Um 700

Der hl. Willibrord gründet in Echternach, Luxemburg, ein Kloster. Von dort aus missionierte er auch Dänen und Thüringer.

Das Kloster erlangt große Bedeutung in der mittelalterlichen Schreibkunst.

739

Nach langen Pilgerjahren missioniert Bischof Willibald in Bayern und wird erster Bischof von Eichstätt.

Die Pilgerfahrten galten als Abbild der irdischen Pilgerschaft zum Himmlischen Jerusalem: Willibald war in Rom, im Heiligen Land und auf dem Monte Cassino.

Um 742

In Friesland wird Liudger geboren, der später Missionar und erster Bischof von Münster werden sollte. Nun kommt einheimischer Klerus verstärkt zum Zuge.

742

Der hl. Bonifatius stand in einem regen Austausch mit dem Heiligen Stuhl in Rom. Des Öfteren geht es in seinen Briefen um die Nichteinhaltung des priesterlichen Zölibates in Germanien.

Auch Bischöfe und Priester des Frankenvolkes, die Ehebrecher und schlimmste Hurer gewesen sind, und dadurch, dass ihnen in ihrer Stellung als Bischöfe und Priester Kinder geboren wurden, der Hurerei überführt werden, sagen bei ihrer Rückkehr vom Apostolischen

Stuhle, der Papst in Rom habe ihnen die Erlaubnis gegeben, das Bischofsamt in der Kirche zu bekleiden. Aber diesen treten wir entgegen, weil wir durchaus nichts davon gehört haben, dass der apostolische Stuhl gegen die kirchlichen Satzungen entschieden hätte. Dies alles, teuerster Herr, bringen wir deshalb zu Eurer Kenntnis, damit wir solchen Leuten den Bescheid Eurer Machtvollkommenheit geben können, damit durch die Fürsorge Eurer Lehre die Schafe der Kirche nicht verführt, sondern die räuberischen Wölfe überführt und überwältigt zugrunde gehen.

745

Auf der Römischen Synode kommt zur Sprache, dass es eine Sonderoffenbarung des hl. Erzengels Michael geben soll. Papst Zacharias weist solche „himmlischen" Botschaften mit seiner Amtsautorität zurück. (vgl. auch 1122 u. 1168).

Der heiligste und seligste Papst Zacharias sprach: Wenn der fromme Priester Denehardus uns noch etwas zum Vorlesen übergeben kann, so tue er es. Der fromme Priester Denehard erwiderte: Hier, Herr, ist ein Brief, dessen er sich bediente, und behauptete, er stamme von Jesus und sei vom Himmel gefallen. Und der Regionsnotarius und Saccellarius Theophanius nahm ihn entgegen und verlas ihn.

Sein Anfang lautet:

Im Namen Gottes. Es beginnt der Brief unseres Herrn Jesus Christus, des Sohnes Gottes. Er ist in Jerusalem von Himmel gefallen, und durch den Erzengel Michael ist dieser Brief am Tor Effrem gefunden worden.

Und durch die Hand eines Priesters namens Icore wurde dieser

Brief, nachdem man ihn gelesen hatte, selbst abgeschrieben, dann schickte er diesen Brief nach der Stadt Geremia an einen anderen Priester Talasius. Und Talasius selbst schickte diesen Brief in die Stadt Arabia an einen andern Priester Leoban. Und Leobanus selbst schickte diesen Brief in die Stadt Vetfania, und Empfänger war der Priester Gottes Macrius, der ihn weiterschickte auf den Berg des Erzengels Michael. Und der Brief selbst gelangte durch die Hand eines Engels des Herrn nach der Stadt Rom an die Grabesstätte des hl. Petrus, wo die Schlüssel des Himmelreichs liegen. Und die zwölf vom Papst eingesetzten Priester in der Stadt Rom hielten dreitägige Vigilien mit Fasten und Beten bei Tag und Nacht usw. Der Brief wurde bis zum Ende verlesen.

Da sprach der heiligste und seligste Papst Zacharias: Ganz gewiss, teuerste Brüder, ist der genannte Aldebert wahnsinnig geworden und jeder, der diesen frevlerisch erdichteten Brief verwendet, kann nur wie ein kleines Kind ohne jede Spur von Verstand sein und ist unsinnig wie ein Weib in gewissen Gemütslagen. Aber damit sie nicht noch mehr Leichtgläubige irreführen, können wir auf keinen Fall diese Sache gegen ihn unerörtert und unentschieden lassen.

754

Bonifatius wird in Friesland wegen seines Glaubens getötet. Der Benediktiner war von England aufs Festland gekommen und verkündete den Glauben. Zahlreiche Klostergründungen (wie etwa Fulda) und Bistumssitze sind auf ihn zurückzuführen.

Er blieb auch als Bischof noch Missionar und starb bei seiner Missionierung Frieslands in Dokkum.

787

2. Konzil von Nicäa. Die Verehrung von Bildern entspricht der Lehre der Kirche. Die Bilderstürmer hatten das infrage gestellt.

800

Als Papst Leo III. den Franken Karl in Rom zum Kaiser krönte, gab es neben dem oströmischen Kaisertum und dem islamischen Kalifat eine dritte Großmacht: das westliche Kaisertum, das Karl sich als Theokratie vorstellte.

Die Kirche sollte gegen die Heiden geschützt werden; der Nachfolger des hl. Petrus, der Papst, sollte unterstützt werden.

In Aachen, der Kaiserstadt Karls des Großen, wird der Herrscher als Heiliger verehrt.

Urbs Aquensis, urbs regalis,	Aachen, Kaiserstadt, du hehre,
regni sedes principalis,	aller Städte Kron und Ehre,
prima regum curia.	Königshof voll Glanz und Ruhm!
Regi regum pange laudes,	Sing dem Himmelskönig Lieder.
quae de magni regis gaudes	Festesfreude füllet wieder
Caroli praesentia.	Karls des Großen Heiligtum.
Iste coetus psallat laetus,	Feierklänge, Festgesänge
psallet chorus hic sonorus,	aus der frohbewegten Menge
vocali concordia.	einet volle Harmonie.
At dum manus operatur,	Hand und Herz zu Gott erhoben,
bonum quod cor meditatur,	ihn zu preisen, ihn zu loben,
dulcis est psalmodia.	tönet süße Melodie.
Hac in die, die festa,	Und des Königs Ruhmestaten,
magni regis magna gesta,	seines Lebens reichste Saaten
recolat Ecclesia,	rühmet heute Festgesang.
reges terrae et onmes populi,	Fürsten ihr und Völker alle,

omnes simul plaudant et singuli, celebri laetitia.	lobet ihn mit Jubelschalle, jauchzet froh im Wettgesang.
Hic est magnus imperator, boni fructus bonus sator, et prudens agricola, infideles hic convertit, fana, deos hic evertit et confringet idola.	Wohl zog nie ein Landsmann weiser gute Frucht wie dieser Kaiser aus dem Acker wüst und wild, da er Heidenvolk bekehrte, Heidentempel rings zerstörte und zerbrach der Götzen Bild.
Hic superbos domat reges, hic regnare sacras leges facit cum iustitia.	Stolze Fürstenwillkür zwingend und für heilige Lehren ringend, hat er Christus Sieg verschafft.
Quam tuetur eo fine ut et iustus sed nec sine sit misericordia.	Allzeit strengen Rechtes Pfleger, und Erbarmens milder Heger übt er seines Amtes Kraft.
Stella maris, o Maria, mundi salus, vitae via, alma nostra Domina. Vacillantum rege gressus et ad regem des accessus in perenni gloria.	O Maria, Stern der Meere, Heil der Welt, die Wege lehre sichern Schrittes uns zu gehn, zu dem Himmel hilf uns schreiten, bis im Licht der Ewigkeiten wir vor unserm König stehn.
Christe splendor Dei Patris incorruptae Fili matris gentem tuam adiuva. Per hunc sanctum, cuius festa celebramus, nobis praesta sempiterna gaudia. Amen.	Christus, Gottes Sohn, geboren, von der Jungfrau auserkoren, sei zu helfen uns bereit. Höre deines Heilgen Flehen, dessen Festtag wir begehen, schenk uns ewge Seligkeit. Amen.

804

Der Theologe Alkuin gehörte zu den führenden Wissenschaftlern der Karolingerzeit. Der Text ist aus dem Werk „Bekenntnis des Glaubens" entnommen – es ist nicht sicher, ob er aus der Feder Alkuins oder aber der seiner Schüler geflossen ist.

Ich glaube an die heilige Kirche,
die apostolisch ist und allgemein und rechtgläubig
und die uns unversehrte Lehre kündet.
Nicht glaube ich an sie, wie ich an Gott glaube,
wohl aber glaube ich, dass sie in Gott ist und Gott in ihr.
Nicht ist sie Gottes eingrenzendes Maß,
wohl aber ist Gott der Raum der Kirche.
So ist sie Gottes Haus und Braut des Herrn Christus.
Sie ist die leibhafte Gemeinschaft der Heiligen,
aller Gerechten, die sind und waren und kommen.
Größeres noch ist wahr: Auch die Chöre der Engel
scharen sich selig zur alleinigen Kirche.
Denn der Apostel lehrt: „Versöhnt ist alles in Christus,
nicht nur auf Erden, auch was da lebt in den Himmeln!"
Gottesstadt nennt man die hehre Einheit,
Glutofen, der alles Gold zusammenschmilzt.
Sie ist mein Glaube, die eine Kirche,
katholisch, weil hienieden und droben,
zerstreut über die Welt und dennoch berufen,
einmal gebunden zu werden zu seliger Garbe,
wenn sie mit Christus in Ewigkeit herrscht.
Er ist das Haupt und die Kirche der Leib.
Dieses Leibs bin auch ich ein Glied,
rein aus göttlicher Gnade,
wenngleich nur ein kleines, ein schwaches.
Der Kirche will ich in Glaube und Werk
immer die Treue wahren,
das hoff ich vom Geber der Gaben.
In der Kirche, die heilig und eins,

dieser katholischen Mutter,
die bis an die Grenzen der Erde
alles mit Gottes Lobpreis erfüllt,
glaub ich festen Gemütes,
Gemeinschaft der Gnade zu erben.
Nicht auf eigenes Werk vertrau ich,
sondern auf Christi heiligen Blutstrom
und auf das gnadenverdienende Beten
meiner Heiligen Mutter, der Kirche.

Um 830

Paschasius Radbert verfasste einen theologischen Traktat: „Vom Leib und Blut des Herrn". Darin ging es nicht nur um Fragen der Eucharistielehre, sondern auch Fragen des Weihesakramentes wurden behandelt. Angesichts des unmoralischen Verhaltens vieler Geistlicher, die den Zölibat nicht hielten, stand auch die Frage an, ob ein Priester, der in Sünde lebt, gültig die hl. Messe feiern kann.

Paschasius Radbert verweist auf die „Kraft des Heiligen Geistes"; das Sakrament kommt nicht zustande durch menschliche Leistung, sondern durch das Wirken Gottes.

In der katholischen Kirche müssen wir in Wahrheit und unzweifelhaft glauben und wissen, dass, wo gemäß katholischen Glaubens dieses Sakrament gefeiert wird, von einem guten Priester nicht mehr und von einem schlechten Priester nicht weniger empfangen wird, nämlich nichts anderes als Christi Fleisch und Blut, falls nur in katholischer Weise konsekriert worden ist. Denn nicht das Verdienst des Konsekrierenden, sondern das Wort des Schöpfers und die Kraft des Heiligen Geistes bewirken, dass echter Glaube und geistiges Verständnis Christi

Fleisch und Blut erkennt und kostet, eben das, was vom Heiligen Geist erschaffen worden ist.

Hinge es nämlich vom Verdienst des Priesters ab, dann wäre es nicht Christus zuzuschreiben. Wie aber nur er es ist, der tauft, so ist er es, der durch den Heiligen Geist dies zu seinem Fleisch macht und in sein Blut verwandelt. Wer denn sonst konnte im Mutterschoß bewirken, dass „das Wort Fleisch wurde"? Entsprechend ist demnach von diesem Sakrament anzunehmen, dass es von der gleichen Kraft des Heiligen Geistes durch das Wort Christi, sein Fleisch und Blut unsichtbar schaffend, erwirkt wird.

Somit betet auch der Priester: „Lass dies durch die Hände Deines Engels auf Deinen himmlischen Altar vor das Angesicht Deiner göttlichen Majestät emporgetragen werden." Er bittet um diese Empornahme, damit man erkenne, dass dies kraft des Priestertums Christi geschieht. Denn dieser wurde nach dem Zeugnis des Apostels „Hoherpriester auf ewig nach der Ordnung des Melchisedech", „um für uns Fürsprache einzulegen", indem er sich selbst Gott, dem Vater, als Opfer darbringt.

Dazu „ging er ja ein für allemal in das Allerheiligste hinein, nicht mit fremdem Blut, sondern mit seinem eigenen Blut". Somit empfängt man von keinem andern, sondern allein vom obersten Hohenpriester selbst, was sein eigen ist. Ward doch von keinem andern sein Fleisch und Blut geschaffen als von dem, der es im Schoß der Jungfrau schuf, sodass „das Wort Fleisch wurde".

845

Die Bischofsstadt Hamburg wurde durch aufständische Dänen zerstört; Bischof Ansgar zieht sich nun nach Bremen zurück; er hatte bei den Dänen und den Schweden den Glauben verbreitet. Hier ein Lagebericht aus der „Vita Anskarii" des Rimbert:

30. Wie sein ganzes Bemühen dem Heil der Seelen galt, sorgte er auch daheim für seine geistlichen Stiftungen, wenn er einmal von der Verkündigungsarbeit draußen bei den Heiden frei war. Die erste, die damals durch den Einbruch der Barbaren aus Hamburg vertrieben worden war, überführte er selbst, wie ich erzählte, nach Ramelsloh. Ein zweites Stift frommer Männer besaß er in Bremen; obwohl sie sich wie Weltpriester kleideten, lebten sie fast bis auf meine Zeit nach der Mönchsregel. Ein drittes Stift frommer Jungfrauen begründete er in Bassum. Hierfür opferte die Christus ergebene Frau Liudgard dem himmlischen Bräutigam ihren gesamten Besitz; es barg unter ihrer Leitung gar viel weibliche Keuschheit. Für die Armenpflege und Pilgerhausung aber errichtete er vielerorts Spitäler, eins davon, und zwar das bedeutendste, in Bremen, das er selbst täglich besuchte; er schämte sich nicht, den Kranken eigenhändig Dienstleistungen zu erweisen, und viele soll er durch Wort oder Berührung geheilt haben.

31. Auch ließ er den Leib des hl. Willehad aus der südlichen Kapelle, wohin ihn Willerich überführt hatte, wieder in die Mutterkirche des hl. Apostels Petrus zurückbringen. Damals ereigneten sich jene Wunder, die durch die Verdienste des hl. Willehad dem Volke offenbar wurden seit dem Jahre des Herrn 861, dem 30. seit der Bischofsweihe des Erzbischofs. Er selbst, der ihn erhob, hat in besonderen Büchern sein Leben und seine Taten erzählt.

32. Wenn ich den Zeitablauf richtig berechne, so erfolgte gleichzeitig auch die Übertragung des hl. Alexander nach Sachsen. Dabei erscheint mir der Wettstreit unseres eigenen Bekenners mit dem fremden Märtyrer bemerkenswert, wer von beiden größer und durch die Gnadengabe der Heilkraft dem Volke teurer wäre. Das stellt Einhard in der Sachsengeschichte ansprechend dar.

33. Indessen kaufte der hl. Ansgar Gefangene frei, tröstete die Bedrängten, unterwies die Seinen, verkündete den Barbaren das Evangelium, war draußen ein Glaubensbote, daheim ein Mönch, niemals jedoch untätig; so lesen wir. Und er bekümmerte sich nicht nur um die Seinen, sondern auch um andere, wie sie lebten. Auch an die Bischöfe wendete er sich mündlich und schriftlich, sie möchten über die Herde des Herrn wachen; die einen tadelte er, andere mahnte er. Sogar den Römischen Königen erteilte er oftmals um seiner Legation, den dänischen Königen um des christlichen Glaubens willen Weisungen. Mehrere seiner Schreiben hierüber sind vorhanden. Einer dieser Briefe an alle Bischöfe handelt von seiner Legation, die nach seiner Behauptung Ebo begründet habe; er schließt folgendermaßen: „Ich habe die dringende Bitte, verwendet euch bei Gott dafür, dass diese Legation gewürdigt werde, im Herrn zu wachsen und Frucht zu bringen. Schon ist mit Gottes Hilfe bei Dänen und Schweden der Grund gelegt für die Kirche Christi, und Priester üben ihr besonderes Amt aus ohne Behinderung. Euch alle möge der allmächtige Gott in frommer Unterstützung an diesem Werke teilnehmen und Miterben Christi werden lassen in himmlischem Glanze."

847

Rabanus Maurus war zunächst Abt in Fulda und wurde dann Erzbischof von Mainz. Er war einer der berühmtesten Theologen seiner Zeit. Er hat sich auch als Dichter von Hymnen einen Namen gemacht.

863

Beginn der Slawenmissionierung durch Cyrill und Methodius. Durch die „kyrillische" Schrift wird der Glaube auch über die Muttersprache heimisch.

Um 900

Seit der Missionierung war die Petrusverehrung in Deutschland sehr beliebt; das Chor des alten Domes in Köln war dem Bereich des Petrusgrabes in Rom nachgebildet, so auch z. B. in Essen-Werden; dort ist eine Ringkrypta nach römischem Vorbild.

Zu Beginn des 10. Jahrhunderts legt ein Petruslied aus einer bayerischen Handschrift Zeugnis ab von dieser festen Petrusverehrung.

Unsar trohtin hat farsalt sancte petre giuualt,
daz er mac ginerian ze imo dingenten man.
kyrie, eleyson! christe, eleyson!
Er hapet ouh mit uuortoun himilriches portun.
dar in mach er skerian, den er uuili nerian.
Kirie, eleyson! christe, eleyson!

Pittemes den gotes trut alla samant upar lut,
daz er uns firtanen giuuerdo ginaden!
Kirie, eleyson! christe, eleyson!

Unser Herr hat übergeben dem heiligen Petrus Gewalt,
dass er kann erretten den auf ihn vertrauenden Mann.
Kyrie eleison. Christe eleison.
Er hält auch mit Worten des Himmelreichs Pforte,
dahinein mag er scharen, den er will erretten.
Kyrie eleison. Christe eleison.

Bitten wir den Gottes Trauten allesamt überlaut,
dass er uns Verlorenen geruhe, gnädig zu sein.
Kyrie eleison. Christe eleison.

955

Mit Bischof Ulrich von Augsburg ist für immer das Gedächtnis an die Schlacht gegen die Ungarn verbunden, die Schlacht auf dem Lechfeld. Die „Vita" Gerhards vergisst aber nicht, den Bischof auch als ersten Liturgen seines Sprengels vorzustellen.

Der Brauch, am Karfreitag eine hl. Hostie in einem „Grab" zu verehren, war sehr verbreitet; er führte z. B. im Kloster Heiligengrabe (damals Bistum Havelberg) zu der Einführung einer besonderen Wallfahrt.

Wenn dann das lang ersehnte hochheilige Osterfest gekommen war, begab er sich nach der Prim in die Kirche des hl. Ambrosius, in der er am Karfreitag den Leib des Herrn unter einer Steinplatte aufbewahrt hatte (er besuchte also gleichsam das „Grab des Herrn"), und zelebrierte dort mit nur wenigen Geistlichen die Messe von der Heiligen Dreifaltigkeit. – Inzwischen hatte der Klerus in einem Raum neben der Kirche die festlichen Paramente angelegt. War nun die Messe zu Ende, so zog er an der Spitze der Geistlichen durch die Vorhalle zur Kirche des hl. Johannes. Man trug in der Prozession den Leib Christi (der gleichsam aus dem Grabe auferweckt war), das Evangelienbuch, Kerzen und Weihrauch, und die Knaben sangen passende Loblieder. In der Kirche hielt er dann die Terz. Von dort begab er sich unter dem Gesang von Antiphonen, die eigens zu Ehren dieses Festtages verfasst worden waren, in feierlicher Prozession, in der alle Teilnehmer zu zwei und zwei nach ihrem Range gingen, zur Domkirche, um das feierliche Hochamt zu halten. Die Messe wurde in andächtigster und erhabenster Weise gesungen, und alle kehrten nach Empfang des Leibes Christi in ihre Häuser zurück. Danach begab sich der Bischof zur Tafel. Im Speisesaale standen drei mit größter Sorgfalt geschmückte Tische. An einem pflegte er mit den von ihm geladenen Gästen zu sitzen; der andere war für die Geistlichkeit des Domes, der dritte für die von St. Afra bestimmt. Nach dem Tischsegen verteilte er zunächst an alle Anwesenden von dem Fleisch des Osterlammes und Speckstücke, die bei dem feierlichen Gottesdienst geweiht worden waren. Dann erst nahm er mit ihnen vergnügt das Mahl ein. Zu festgesetzter Stunde kamen Spielleute, und zwar in so großer Zahl, dass sie die ganz Saallänge ausgefüllt hätten, hätte man sie in einer Reihe aufgestellt, und trugen drei Musikstücke vor. Unter diesen vielfältigen Vergnügungen erbaten und erhielten die Domherren auf Anordnung des Bischofs als Liebesgabe einen Trunk Wein und sangen inzwischen ein Responsorium von der Auferstehung des Herrn. War dieses vorüber, machte es am anderen Tische die Geistlichkeit von St. Afra ebenso. Mit Anbruch des Abends ließ er sich und den mit ihm Tafelnden fröhlich die Becher reichen und bat alle liebenswürdig, mit ihm den dritten Liebestrunk zu tun. Hierauf sang die ganze Geistlichkeit mit frohem Herzen ein drittes Responsorium. Dann erhoben sich die Kanoniker unter dem Gesang eines Hymnus, um sich nach gebührender Vorbereitung zur Vesper zu begeben.

972

Der hl. Wolfgang wird Bischof von Regensburg. Später gründet er das Bistum Prag. Durch seine Tätigkeit wurde der Glaube im bayrischen Raum fest verwurzelt.

1004

Der hl. Bruno von Querfurt wird zum Bischof geweiht und missioniert in Ungarn und im südlichen Russland.

1007

Kaiser Heinrich II. stiftet das Bistum Bamberg. Er tritt für die Ziele der Kirchenreform ein und deswegen fördert er gute Klöster. Mit seiner Frau Kunigunde wird er heiliggesprochen.

1030

König Olaf I. von Norwegen stirbt in einer Schlacht. Mit ihm war nun die Christianisierung Skandinaviens zu einem guten Abschluss gekommen; zu erwähnen sind in diesem Zusammenhang auch die Könige Knud von Dänemark und Erich von Schweden. Die drei Herrscher wurden heilig wegen ihres Eintretens für den Glauben.

1038

Wolfher schildert in seiner Lebensbeschreibung des hl. Bischofs Godehard von Hildesheim das Sterben dieses Oberhirten, der auch als Prälat nie verleugnet hatte, dass er im Herzen Mönch geblieben war. Mit Godehard hatte einer der führenden Repräsentanten der mönchischen Reformbewegung den Hildesheimer Bischofssitz erhalten.

Die Reformbewegung forderte eine strikte Rückkehr zu den monastischen Werten des hl. Benedikt von Nursia. Wolfher zeigt, dass Godehard ganz mit dem Psalterium verbunden bleibt, dem Kernstück des mönchischen Alltags.

Am Ende der Woche wurde unser heiliger Vater, da seine Kräfte zusehends verfielen, von Abt Adalbert unter Assistenz der übrigen Mitbrüder nach kirchlicher Gewohnheit mit dem Sakrament der heiligen Ölung gesalbt und dann, wie er vorausgesagt hatte, am Vorabend von Christi Himmelfahrt – Mittwoch, den 3. Mai – zum

Moritzberge getragen. Trauernd fanden sich dort alsbald die Brüder zusammen; nicht länger konnten sie den Schmerz, den sie im Herzen fühlten, verbergen. Auch eine unzählige Menge von Gläubigen kam dorthin, von nicht geringerem Schmerz über den Heimgang ihres über alles geliebten Hirten ergriffen. Obwohl ihm fast die Stimme schon versagte, tröstete er sie und entließ sie mit dem Auftrag, am frühen Morgen wiederzukommen. Sie gingen also und verbrachten die heilige Nacht in großem Leid, indes der heilige Vater nach seiner Gewohnheit als süße Erquickung immer wieder Psalmen vor sich hin betete. So blieb er die ganze Nacht wach und harrte unter frommen Gedanken auf sein Ende. Früh bei Tagesanbruch kamen nach Beendigung des Morgenoffiziums die Brüder wieder zu dem Sterbenden. Noch einmal ermahnte er sie mit letzter Kraft in kurzen, aber heilsamen Worten an die Pflichten ihres heiligen Standes und ihren Gehorsam. Gemeinsam sprach er dann mit ihnen das Confiteor und entließ sie mit einem letzten Abschiedsgruß, damit sie gingen und mit ihrem Abte das feierliche Hochamt hielten. Dann erinnerte er sich in seiner Güte des Versprechens, das er seinem erkrankten Kämmerer Bruno gegeben hatte, und erkundigte sich besorgt nach ihm. Man sagte ihm, dass er völlig aufgegeben sei. Da ließ er ihm durch einen Boten melden: „Sei getrost, mein Sohn, und sei stark im Herrn! Die Stunde ist nahe, in der du mit mir in die Heimat der ewigen Freude eingehen sollst." Der Knabe vernahm mit frohem Herzen diese Worte, und da seine Gedanken schon längst allem Irdischen abgewandt waren, bat er, man möge ihm noch am Himmelfahrtstage die heilige Wegzehrung reichen. Als er sie empfangen hatte, wartete er in seliger Hingabe nur noch darauf, dass der heilige Bischof sein Versprechen erfülle. – Inzwischen war in unserer Kirche das Hochamt zu Ende, und das festliche Mittagsmahl war eingenommen. Um die zehnte Stunde etwa (am Abend) versammelten sich die Brüder wieder um den geliebten Bischof. Die Sprache versagte ihm schon fast ganz. Im Herzen aber oder, wie der Apostel sagt, im Geiste psallierte er immer noch. So fanden sie ihn, wie er schwer atmend Psalmen vor sich hin murmelte. Man überlegte, was zu tun sei; dann rief man vier Schüler herbei, ließ sie zu beiden Seiten des Sterbelagers treten und den ganzen Psalter mit deutlicher und klarer Stimme singen. Der heilige Vater hörte sie und ruhte dann ein wenig, als werde er durch diese Melodie erfreut. Zuweilen versuchte er auch mit ihnen zu beten. Jene besonderen Verse aber, in denen Gott vor allem angefleht wird, suchte er, die Augen weit geöffnet und zum Himmel erhoben, lauter mitzubeten. Um Mitternacht, als der Psalter beendet war und sein Verscheiden augenscheinlich nahe bevorstand, begannen sie die Laudes zu beten. Als sie an den Lobgesang kamen: „Gepriesen sei der Herr, der Gott Israels", öffnete der fromme Mann, schon im Todeskampfe, noch einmal schwach die Augen. Der Klerus sang die Worte: „Erleuchte die, welche in Finsternis und im Schatten des Todes sitzen", da fügte er hinzu: „Und leite unsere Füße auf den Weg des Friedens." Als dann der Klerus das „Ehre sei dem Vater" und den Rahmenvers sang: „Ich steige empor zu meinem Vater und eurem Vater, zu meinem Gott und eurem Gott", da wurde er von den Umstehenden vom Bette gehoben (und auf den Boden gelegt). So ward diese wahrhaft glückliche Seele, während der Körper sanft entschlief, aus dem Kerker des Fleisches erlöst.

1048

In diesem Jahr gibt es mit Leo IX. einen deutschen Papst. 1054 musste er machtlos ansehen, dass es zum Schisma in Konstantinopel kam. Er wirkte viel für die Kirchenreform, die von den Benediktinern ausgegangen war.

1057

Mit der Erhebung zum Kardinal von Ostia kommt mit Petrus Damiani die Kirchenreform ein gutes Stück weiter.

1073

Mit Gregor VII. kommt ein Papst auf den Thron, der für die Freiheit der Kirche kämpfte. In seinem Pontifikat unternimmt Heinrich IV. seinen Bußgang nach Canossa. Der hl. Gregor stirbt aber in der Verbannung.

1093

Der Mönch Anselm wird Erzbischof von Canterbury und muss wegen seiner Treue zum Oberhaupt der Kirche zweimal in Verbannung. Das hindert ihn aber nicht, große philosophische und theologische Einsichten zu haben: So entwickelt er einen Gottesbeweis, der seinesgleichen sucht.

1096 (–1270)

Die Kreuzzüge sind bis heute ein Reizwort. Nicht selten verteidigen islamische Wissenschaftler die heutigen Terroranschläge seitens ihrer Glaubensbrüder mit einem Hinweis auf die Kreuzzüge. Anliegen der

Kreuzzüge war es, das Heilige Land wieder in die Hände christlicher Herrscher zurückzugeben.

Fromme Absichten wurden – wie so oft in Kriegen – bald zu Grabe getragen; übrig blieb oft Habgier und Grausamkeit. Es kam vor, dass die Juden blutig verfolgt wurden; Kreuzfahrer eroberten christliche Städte und plünderten sie aus – was allerdings der Papst mit der Exkommunikation bestrafte. Die Quellen, die hier vorgelegt werden, lassen auch islamische Geschichtsschreiber zu Wort kommen.

Die fünf Texte fangen die Stimmung dieser Kreuzzüge ein.

> *„Seht denn Ihr Brüder, ... erschüttert werden die Lande und erbeben, weil Gott vom Himmel sein Land zu verlieren begann ... Jetzt schaffen es unsere Sünden, dass dort die Feinde des Kreuzes ihr weiheloses Haupt erhoben haben: Mit dem Zahn des Schwertes verheeren sie das Land der Verheißung ...*
>
> *Was tut ihr, Diener des Kreuzes? So wollt Ihr das Heiligtum den Hunden und die Perlen den Säuen geben? ... Du tapferer Ritter, Du Mann des Krieges: Jetzt hast Du eine Fehde ohne Gefahr, wo der Sieg Ruhm bringt und der Tod Gewinn. Bist Du ein kluger Kaufmann, ein Mann des Erwerbs in dieser Welt: Einen großen Markt sage ich Dir an; sieh zu, dass er dir nicht entgeht. Nimm das Kreuzeszeichen, und für alles, was Du reuigen Herzens beichtest, wirst Du auf einmal Ablass erlangen. Die Ware ist billig, wenn man sie kauft; und wenn man fromm für sie bezahlt, ist sie ohne Zweifel das Reich Gottes wert."*

Bernhard von Clairvaux (*1090, † 1153), in einer Epistel an den Bischof von Speyer

„Es kamen in das Land falsche Propheten ..., welche durch nichtige Worte die Christen verführten und durch eitle Predigt alles Volk der Menschen antrieben, zur Befreiung Jerusalems gegen die Sarazenen zu ziehen.

Ihre Predigt hatte so seltsame Wirkung, dass fast alle Bewohner der Landschaft mit einmütigem Gelöbnis sich freiwillig zum gemeinsamen Verderben darboten. Und nicht nur gemeine Leute, sondern auch Könige, Herzöge, Markgrafen und die übrigen Würden dieser Welt waren in dem Wahne, dass sie dadurch Gott dem Herrn Folge leisteten; in demselben Irrtum gesellten sich Bischöfe, Erzbischöfe, Äbte und die übrigen Diener und Prälaten der Kirche, alle begierig, sich in unermessliche Gefahren der Seelen und Leiber zu stürzen."

Würzburger Annalist, um 1148

„Sie ... kamen in großer Menge nach der Stadt Mainz, wo Graf Emich, ein vornehmer und in diesen Gegenden reich begüterter und angesehener Herr, mit einer großen Schar Deutscher auf die Ankunft des Pilgerheeres wartete.

Die Juden dieser Stadt aber ... flohen in der Hoffnung auf Rettung zu Bischof Ruthard ... Der Bischof nahm eine ganz unerhörte Menge Geldes aus den Händen der Juden entgegen und legte es in sorgsame Verwahrung. Die Juden selbst versammelte er, zum Schutze vor dem Grafen Emich und seinem Gefolge, im geräumigsten Saale seines Hauses ... Aber Emich und seine ganze Schar hielten Rat, und bei Sonnenaufgang griffen sie mit Pfeilen und Lanzen die Juden im bischöflichen Saale an, brachen Riegel und Türen auf, überfielen die Juden, ungefähr siebenhundert an der Zahl, die vergebens dem Ansturm von so vielen Tausenden Widerstand zu leisten suchten, trieben sie heraus und machten sie alle nieder. Auf gleiche Weise schlachteten sie auch die Weiber ab. Und auch die zarten Kinder beiderlei Geschlechts …

Die Juden aber, da sie nun sahen, wie die Christen sich gegen sie und ihre Kinder erhoben und kein Alter verschonten, ergriffen nun gegen sich selbst und die eigenen Glaubensbrüder die Waffen, gegen die eigenen Kinder und Weiber, Mütter und Schwestern und töteten sich in gegenseitigem Morden … Denn sie wollten alle lieber von eigenen Händen als durch die Waffen der Unbeschnittenen fallen."

Albert von Aachen († nach 1120), Verfasser einer Geschichte über den Ersten Kreuzzug nach Augenzeugenberichten

„Mit einem Schiff kamen dreihundert schöne fränkische Frauen im Schmucke ihrer Jugend und Schönheit, die sich jenseits des Meeres gesammelt und der Sünde verschrieben hatten. Sie hatten ihr Vaterland verlassen, um den in der Fremde Weilenden zu helfen; sie hatten sich gerüstet, die Unglücklichen glücklich zu machen, und sich gegenseitig gestützt, um zu helfen und zu unterstützen. Sie brannten vor Lust auf das Zusammensein und die fleischliche Vereinigung. Alle waren zügellose Dirnen, hochfahrend und spöttisch, die nahmen und gaben, fest im Fleisch und sündig, Sängerinnen und kokett, öffentlich auftretend und anmaßend, feurig und entbrannt, gefärbt und bemalt, reizend und begehrenswert, erlesen und anmutig … Sie schritten hochmütig mit einem Kreuz auf der Brust, verkauften Gunst um Gunst, wollten in ihrer Glut überwältigt sein … und glaubten, sie könnten Gottes Wohlgefallen mit keinem besseren Opfer erwerben als diesem."

Imad ad-Din (geb. 1125, gest. 1201), Sekretär Saladins

„Es war das Kreuz, vor dem sich jeder Christ niederwarf und beugte, wenn es aufgerichtet, aufgestellt und erhoben wurde. Sie glauben tatsächlich, es bestehe aus dem Holz, an dem, wie sie meinen, der gekreuzigt wurde, den sie anbeten; deshalb verehren sie es und werfen sich vor ihm nieder. Sie hatten es mit Gold umhüllt, mit Perlen und Edelsteinen gekrönt, für das Begehen der Passion vorbereitet ... Wenn die Priester es herausbrachten, ... liefen alle herbei und stürzten vor ihm nieder, keiner durfte zurückbleiben ...

Bei seinem Erscheinen vergingen sie, ihre Augen starrten, es zu betrachten, sie verzehrten sich, wenn es gezeigt wurde, kümmerten sich um nichts mehr, wenn sie es gesehen hatten, gerieten außer sich, wenn sie es wiedersahen, boten ihr Leben dafür und suchten bei ihm Hilfe – so sehr, dass sie ihm andere Kreuze nachgeformt hatten, die sie anbeteten, vor denen sie sich in ihren Häusern niederwarfen und die sie zu Zeugen anriefen."

Imad ad-Din (geb. 1125, gest. 1201), Sekretär Saladins

1102

Bischof Otto von Bamberg versuchte im Investiturstreit eine Vermittlerrolle zu übernehmen. Sein großes Werk ist aber die Pommernmission, die er seit 1124 mit Erfolg durchführte.

Herbords „Leben des Bischofs Otto" gibt einen guten Einblick in die Taufpraxis jener Zeit.

Inzwischen hatte der Bischof die Pontifikalgewänder angelegt. Einem Rat des Paulicius und der Vornehmen folgend, hielt er von einer erhöhten Stelle aus dem Volke, das gerne zuhörte, eine Ansprache; sie wurde von einem Dolmetsch übersetzt. Er sagte:

„Der Segen des Herrn über euch, vom Herrn Gesegnete! Wir segnen euch und danken euch im Namen des Herrn, weil ihr uns eine so wohlwollende, angenehme, gütige Aufnahme gewährt habt. Den Grund, weshalb wir zu euch kommen, habt ihr wohl schon gehört. Wenn es euch recht ist, sollt ihr ihn abermals hören. Merket wohl auf! Wir kommen aus weiter Ferne. Die Sorge um euer Heil, eure Seligkeit, euer Glück hat uns dazu veranlasst. Denn ihr werdet gerettet, selig und glücklich sein in Ewigkeit, wenn ihr euren Schöpfer erkennen und ihm allein dienen wollt." Mit diesen und ähnlichen Worten mehr, die ich der Kürze halber auslasse, predigte der Bischof dem rohen Volke in aller Einfachheit, und die ganze Volksmenge fand einhellig am heiligen Glauben Gefallen und schloss sich seiner Lehre an. Sieben Tage lang unterwies er sie nun mithilfe der Kleriker und Priester im Glauben und brachte ihnen mit Sorgfalt alles bei, was zur christlichen Religion gehört. Danach kündigte er eine dreitägiges Fasten an und befahl, sie sollten sich baden und waschen, um dann mit reinen, weißen Kleidern angetan, lauter an Herz und Leib, lauter in der Kleidung, zur heiligen Taufe zusammenzukommen.

Inzwischen ließ er drei Taufstätten herrichten und ordnete an, dass er selbst in der einen die Knaben allein taufen werde, während andere Priester in den andren die Frauen und die Männer für sich taufen sollten. Weiterhin traf der gute Vater Anstalten, die Spendung des Sakramentes mit solcher Sorgfalt, Sauberkeit und Ehrbarkeit vorzunehmen, dass dabei nichts Ungeziemendes vorkomme, nichts Beschämendes, nichts, was einem der Leute weniger gefallen könnte. Er ließ mächtige Fässer tief in die Erde eingraben, sodass ihr Rand etwa in Kniehöhe oder weniger aus dem Boden ragte; diese sollten dann mit Wasser gefüllt werden, in das man leicht hineinsteigen könnte.

Rings um die Fässer ließ er Stangen einrammen und Stricke darüber ziehen und Tücher ausspannen, sodass das Becken von allen Seiten mit einem Vorhang umgeben war. Vor dem Priester und seinen Gehilfen, die an der einen Seite stehend die Spendung des Sakramentes zu vollziehen hatte, war eigens ein Leinentuch aufgehängt, damit der Ehrbarkeit nach allen Seiten Genüge geschehe und keine Torheit und Unziemlichkeit bei der heiligen Handlung bemerkt werde; niemand von ehrbarem Empfinden sollte sich aus Scham der Taufe entziehen müssen. –

Wir alle, sowohl der Bischof selbst als seine Mitarbeiter, Priester und Kleriker, hatten alle Hände voll zu tun, um die Anmeldungen zum Glaubensunterricht anzunehmen, zu lehren, zu katechisieren, zu predigen und zu taufen. Bei einer so reichen Ernte waren fast zu wenige Schnitter. Täglich kam und ging das Volk jenes Ortes und der ganzen Gegend in hellen Scharen. Da man alle diese befriedigen musste, sahen wir unseren Bischof bei der unermesslichen Arbeit, besonders beim Taufen (obschon er nur die Knaben taufte), oft so heftig schwitzen, dass seine Albe von der Schulter bis zum Gürtel vorn und hinten ganz nass war. Oft war er von der allzu großen Arbeitslast erschöpft und setzte sich dann ein Weilchen, um durch eine kleine Pause neue Kraft zu sammeln und sich etwas zu erholen. Aber bald schon erhob er sich wieder voll Eifer und Fleiß zu der ihm so lieben Arbeit, mit Dank gegen Gott, dass er durch dessen Güte mit Schweiß und Mühe so viele Garben in seine Scheuer sammeln durfte.

1115

Der hl. Bernhard gründet in Clairvaux ein Kloster; es entwickelt sich der Zisterzienserorden. Bernhard griff auch in die Kirchenpolitik ein; er nahm Stellung zum Papstschisma und rief zu den Kreuzzügen auf.

Um 1120

Der hl. Norbert von Xanten gründet den Orden der Prämonstratenser und wird 1126 Erzbischof von Magdeburg; sein Orden ist maßgeblich an der Kolonisierung der ostelbischen Gebiete beteiligt. Klöster wie Jerichow lassen bis heute den Geist dieses Ordens erkennen. Norbert hatte eine tiefe Liebe zur Eucharistie; er wird gerne mit einer Monstranz dargestellt.

Der 1. Text ist eine Ermahnung an die Priester; der 2. Text ist nicht vom Heiligen selbst, sondern aus der Tradition des Ordens.

> *„O Priester, du bist nicht du, weil du Gottes Habe bist. Du bist nicht in deiner Gewalt, weil du ein Knecht und Diener Christi bist. Du bist nicht dein, weil du der Kirche verlobt bist. Du gehörst nicht dir an, weil du ein Mittler zwischen Gott und den Menschen bist. Du bist nicht von dir, weil du (aus dir selbst) ein Nichts bist. Wer bist du also, Priester? Nichts und alles! O Priester, hüte dich, dass dir nicht wie dem leidenden Heiland zugerufen werde: ‚Andern hat er geholfen, sich selbst kann er nicht helfen!'"*

> *„Der Glaube lehrt uns, dass Christus gegenwärtig ist auf dem Altar, wo sich das Sakrament seines Leibes und Blutes befindet. Es ist wichtig, sich einer solchen Majestät mit großer Ehrfurcht zu nahen. Alle Zeremonien, die man dort verrichtet, müssen sorgfältig, aufmerksam und in solcher Art geschehen, dass die innere Andacht äußerlich in allen Handlungen widerstrahlt."*

1122

In seiner „Slawenchronik" schildert Helmond von Bosau auch das Leben und Wirken des hl. Bischofs Vincelinus. Er wollte eine Studienreise ins französische Laon machen, weil er dort eine gute Theologenschule kannte.

Wie in 745 spielt auch hier eine „himmlische" Botschaft eine Rolle. Hier geht es um eine Marienfigur, die Weisungen erteilt.

Sehr viele Jahre waren so vergangen, da fasste Vizelin angesichts der Zahl seiner Schüler und ihrer Fortschritte den Plan, zu höheren Studien nach Frankreich zu gehen und bat Gott, seine Gedanken richtig zu lenken. Als ihm dies im Kopfe umging, trat eines Tages der Dompropst Adalbert zu ihm und sagte: „Warum verbirgst du deinem Freunde und Verwandten, was du auf dem Herzen hast?" Vizelin forschte eifrig nach dem Anlass (solcher Worte); jener erwiderte: „Ich weiß doch, dass du nach Frankreich reisen möchtest und nicht willst, dass jemand davon erfährt! Höre denn, Gott weist dir den Weg: Bei Nacht habe ich mich im Traume vor dem Altar des Herrn in eifrigem Gebet zu ihm gesehen. Da sprach mich das auf dem Altar stehende Bild der seligen Mutter Gottes an und sagte: ‚Geh und verkündige dem Manne, der vor der Türe liegt, dass ihm freisteht zu reisen, wohin er will.' Diesem Befehl gehorchte ich, ging zur Tür und fand dich im Gebet hingestreckt. Ich meldete dir, was mir geheißen war; du hörtest es und freutest dich. – Da du nun Erlaubnis hast, brich auf, wohin es dich treibt!"

1125

Die Kreuzzüge verlangten die Pflege der verwundeten Soldaten. In dieser Zeit entstanden die geistlichen Ritterorden (Johanniter, Malteser,

Templer). Die Orden verbanden die Ideale des Mönchtums und der Ritter, d. h. sie waren auch wehrhaft. Ritter, Priester und Brüder sorgten für eine optimale Krankenpflege.

Der „Deutsche Orden" sorgte zunächst für die Stadt Akkon. Später wurde er in den preußischen Gebieten aktiv mit dem Hauptsitz Marienburg. Die Auszüge aus der Regel des Raimund von Puys zeigen die Struktur dieser Orden auf.

1. Und es sollen (keine) Brüder von keinen Häusern weggehen, um zu predigen oder das Almosen einzusammeln, außer allein diejenigen, die der Obere und das Kapitel dazu benennen. 2. Und die Brüder, die ausziehen, um das Almosen einzusammeln, sollen (dort) aufgenommen werden, in welches Haus sie kommen, und nehmen am Lebensunterhalt teil, wie ihn die Brüder unter sich haben, und verlangen weiterhin nichts. 3. Sie sollen ein Licht mit sich führen, und wo auch immer sie Herberge nehmen, da sollen sie es in der Nacht vor sich brennen lassen.

1. Wenn aber die Brüder durch die Städte oder die Kastelle gehen, so gehen sie nicht allein, sondern zu zweit oder dritt miteinander, 2. und sie sollen nicht gehen, mit wem immer sie wollen, sondern mit denen der Obere ihnen zu gehen befiehlt. 3. Und sobald sie dort angekommen sind, wohin sie wollen, bleiben sie stehen. 4. An ihrem Auftreten, an ihrem Lebenswandel und an all ihren Sachen soll nicht geschehen, worüber jemand Ärgernis nehmen kann, wie das ihrer Heiligkeit (=hl. Stand) wohl geziemt. 5. Auch wenn sie im Hause oder in der Kirche sind oder dort, wo Frauen sind, da sollen sie auch ihre Schamhaftigkeit (Anstand) bewahren. 6. Frauen jedoch sollen weder ihren Kopf noch ihre Füße waschen noch ihr Bett machen. 7.

Unser Herr, der in seinen Heiligen wohnt, behüte sie auf diese Weise. Amen.

!: Kommt ein Kranker in das Haus, dem der Spitalmeister das Recht verleiht und die Erlaubnis gibt, ein Spital zu unterhalten, so soll dieser aufgenommen werden. „Zuerst soll er dem Priester seine Sünden beichten und soll geistlich betreut werden (d. h. die Hl. Kranken-Kommunion empfangen). 3. Dann soll er zum Bett getragen werden und wie ein Herr nach des Hauses Möglichkeit alle Tage liebevoll gespeist werden, noch ehe die Brüder essen. 4. Und an allen Sonntagen soll die Epistel und das Evangelium im Krankenhaus gelesen werden und während des Umgangs (Prozession) soll der Kranke mit Weihwasser besprengt werden. Wenn es vorkommt, dass einer der Brüder, die die Häuser auf dem Lande betreuen, gegen den Willen des Oberen das Gut der heiligen Armen irgendeiner weltlichen Person weggibt, so soll er aus aller Gemeinschaft der Brüder ausgestoßen werden.

1168

Helmond von Bosau geht bei seiner Schilderung der Slawenmission immer wieder von „himmlischen" Vorzeichen aus. Hier wird bei der hl. Messe Brot und Wein angeblich in sichtbares Fleisch und Blut verwandelt – was aber dem Glauben der Kirche widerspricht.

Gewisse Vorzeichen hatten ein so außerordentliches Unglück angekündigt. Als beispielsweise ein Priester im dänischen Lande Alsen am heiligen Altar stand und den Kelch hob, um die Hostie zu nehmen, sah er plötzlich im Kelch wirklich Fleisch und Blut. Als er sich endlich von dem Schrecken erholt hatte, wagte er doch nicht, diese ungewöhnliche

Erscheinung zu sich zu nehmen, ging zum Bischof und reichte dort im Kreise der Geistlichkeit den Kelch zur Betrachtung dar. Während nun viele erklärten, dass sei ein himmlisches Zeichen, das Volk im Glauben zu bestärken, sah der Bischof weiter und sagte voraus, der Kirche drohe eine schwere Heimsuchung und es werde viel Christenblut fließen. Denn immer wenn ein Märtyrer sein Blut vergießt, wird der Leib Christi von Neuem ans Kreuz geschlagen, Und so ging die Ankündigung des weissagenden (Bischofs) nicht fehl: Kaum waren vierzehn Tage vergangen, da besetzte das Heer der Slawen überraschend das ganze Land, zerstörte die Kirchen, nahm die Menschen gefangen und tötete jeden, der Widerstand leistete, mit der Schärfe des Schwertes.

1143–1146

Der sel. Freisinger Bischof Otto von Freising schreibt seine „Chronik oder die Geschichte der zwei Staaten"; darunter können wir uns kein „modernes Geschichtswerk" vorstellen, sondern die Geschichte wird als Heilsgeschichte verstanden. Die „Chronik" hat deswegen auch acht Bücher; die Zahl „8" ist eine heilige Zahl und sie deutet auf die Auferstehung des Fleisches hin – Otto lässt die Geschichte enden in der Ewigkeit.

Selbstverständlich darf das Mönchtum als geschichtsbildende Kraft nicht übersehen werden. Hier ein Beispiel aus der „Chronik", der den religiösen Charakter der Schrift zeigt; als zweite Quelle dann eine Situationsbeschreibung aus den Kreuzzügen – Otto nahm an einem von ihnen teil.

Wie man nun ein vornehmes Haus schon an der Vorhalle erkennt, so zeigt bei den Menschen das Äußere schon von außen, wie der inne-

re Mensch vor Gott, „dem Richter des Herzens", inwendig leuchtet. Denn wie sie inwendig in den verschiedenen Strahlen ihrer Tugenden verschiedenartig leuchten, so bedienen sie sich äußerlich verschiedenfarbiger Gewänder nach dem Wort des Psalmisten: „Des Königs Tochter drinnen ist ganz herrlich, bunt ihr Gewand, mit Gold verbrämt." Die einen also, die ein apostolisches Leben führen und schon in ihrem Äußeren die Reinheit der Unschuld zeigen wollen, tragen ein fleckenloses linnenes Gewand, andere Ordensangehörige kleiden sich zur Abtötung des Fleisches rauer in eine wollenen Kutte; wieder andere, die auf jegliche äußere Betätigung verzichten, wollen durch ihre Kleidung ihr engelgleiches Leben andeuten und stellen dessen Süßigkeit lieber durch die Form als durch die Weichheit der Kleidung symbolisch dar. Denn sie tragen auf dem Leib ganz raue Röcke und ziehen darüber andere, weitere mit Kapuzen versehene, die aus sechs Teilen bestehen, gleichsam sechs Flügeln, wie sie die Seraphim haben. Mit zweien dieser Teile, nämlich der Kapuze, bedecken sie den Kopf, mit zwei anderen, den Ärmeln, richten sie alle ihre Bewegungen wie Hände zu Gott empor und fliegen gen Himmel, mit den beiden letzten hüllen sie den Leib vorn und hinten ein und zeigen sich durch Gottes vorbeugende und nachfolgende Gnade gegen alle grimmigen Geschosse des Versuchers gefeit. Sie unterscheiden sich aber darin, dass die einen zum Ausdruck ihrer Weltverachtung diese Kleidung nur in Schwarz tragen, während andere der Farbe und dem gröberen oder feineren Stoff keine Bedeutung beimessen und ein weißes oder graues oder anders gefärbtes, jedoch geringes und raues Gewand tragen.

So im Inneren und Äußeren ausgestattet, haben sie sich in fruchtbarer, reicher Vermehrung über die ganze Erde ausgebreitet, und ihr Verdienst wie ihre Zahl ist in kurzer Zeit ungeheuer gewachsen; nun *strahlen sie im Glanz ihrer Zeichen, leuchten sie durch ihre Wundertaten; oft werden sie durch göttliche Offenbarung erhoben, und häufig werden sie beim Abscheiden aus dem Leben durch die Erscheinung eines Engels oder des Herrn getröstet. Sie heilen Kranke, treiben Dämonen aus, und bisweilen bekommen sie, soweit das im Diesseits möglich ist, durch Kontemplation einen Vorgeschmack von der Wonne des himmlischen Vaterlandes und bringen deshalb, obwohl durch Arbeit ermattet, durch Nachtwachen erschöpft, durch Fasten abgezehrt, wie die Grillen, die mehr zirpen, wenn sie hungrig sind, fast die ganz Nacht mit dem Gesang von Psalmen, Hymnen und geistlichen Liedern wachend zu. Sie wohnen aber am zahlreichsten, wie einst in Ägypten, so jetzt in Frankreich und Deutschland.*

Die Christen hatten inzwischen, wie oben berichtet, Antiochia eingenommen; weil sie aber Gott nicht die schuldige Ehre gaben, wurden sie von einer ungeheuren Menge Sarazenen eingeschlossen, und nun folgte auf den bisherigen Überfluss eine so unerträgliche Hungersnot, dass sie sich kaum des Genusses von Menschenfleisch enthielten. Als der barmherzige Herr nun in seiner Güte die Zerknirschung seines Volkes bemerkte und in seiner Gnade wahrnahm, zeigte er seinen Gläubigen durch göttliche Offenbarung die heilige Lanze, mit der, wie geschrieben steht, die Seite seines Sohnes Christus bei der Passion durchbohrt worden war und die bis dahin unbekannt gewesen war. Im Vertrauen auf sie machten die Christen, obgleich vom Hunger geschwächt, einen Ausfall und schlugen die Sarazenen nicht durch ihre eigene, sondern durch Christi Kraft. Darauf zogen sie nach Syrien und nahmen die Städte Barra und Marra. Während sie dort verweilten, wurden sie, so wird erzählt, nochmals von einer so schweren Hungersnot heimgesucht, dass sie sogar in Verwesung übergegangene menschliche Leichen verzehrten. Dann marschierten sie gegen die Heilige Stadt, die ja nun von Sarazenen bewohnt war. Sie schlossen sie ein, konnten sie aber nicht nehmen; da hielten sie Rat und beschlossen, den Lehrer der Demut nachahmend, barfuß um die Stadt herumzuziehen. Nun fiel die Stadt am achten Tage danach, und zwar an dem Tage, an dem das Auseinandergehen der Apostel gefeiert wird; die Feinde, die man dort vorfand, wurden in solchen Massen abgeschlachtet, dass im Vorhof Salomos das Blut der Getöteten bis an die Knie der Pferde der Unseren reichte. Man beachte, wie schön es ist, dass am achten Tage nach der Selbsterniedrigung des Volkes Gottes und seinen Gebeten zum Herrn die von den Heiden mit Füßen getretene Heilige Stadt von unseren Glaubensgenossen eingenommen wurde. Wie nämlich Jericho von dem Volke des Alten Bundes, als der Sabbat noch in Geltung war, am siebenten Tag eingenommen wurde, so ward hier jetzt, da Gesetz und Sabbat abgeschafft sind, von dem christlichen Volke am achten Tag, also an dem auf den Sabbat folgenden Tag der Auferstehung, das eingeschlossene Jerusalem erobert. Seitdem ist Jerusalem und das Grab des Herrn im Besitz unserer Glaubensgenossen.

1170

Seit 1162 war der hl. Thomas Becket Erzbischof von Canterbury und führte dort mit den Mönchen ein strenges Leben. Seine Wohltätigkeit gegen die Armen war beispielhaft.

Gegen den König setzte er sich für die Freiheit der Kirche ein; das brachte ihm eine Verbannung und 1170 wurde er wegen seiner standhaften Haltung ermordet.

1179

Auf dem Rupertsberg bei Bingen stirbt die hl. Hildegard. Sie gehört zu den ganz großen Klosterfrauen des Mittelalters; ihr Schrifttum umfasst nicht nur Beiträge zur Theologie, sondern auch zur Medizin und den Naturwissenschaften.

Sie dichtete und komponierte auch zahlreiche geistliche Hymnen.

1179

Peter Waldes zieht nach Rom und erbittet vom Papst Alexander III. die Erlaubnis zur Predigtätigkeit. Der Papst konnte dieser Bitte eines Laien nicht nachkommen.

Neben Peter Waldes, der eine „neue" Kirche anstrebte, gab es auch die Sekte der Katharer, die zwar auf der einen Seite die Kirche zu Recht reformieren wollten, zugleich aber die sakramentale Ordnung der Kirche infrage stellten.

Damals entstand eine Ketzerverfolgung, die sich als Inquisition entwickeln sollte. Es kam auch zu Folterungen – indessen haben Luther und mehr noch Calvin diese Art der Verfolgung andersgläubiger Menschen ebenso akzeptiert. Eine „billige" Polemik seitens einer Konfession ist hier fehl am Platz. Die beiden Quellen zeigen, dass es um den Kirchenbegriff ging und dass die Kirche sich verteidigen musste.

> *Das Neue und Alte Testament haben sie in die Volkssprache übersetzt und lehren und lernen danach. Ich hörte einen einfachen Bauern, der den Hiob Wort für Wort aufsagen konnte und mehrere andere, die das ganze Neue Testament vollkommen beherrschten. Ihr erster Irrtum ist, die römische Kirche sei nicht Kirche Jesu Christi, sondern der Böswilligen und sei seit Sylvester (314–335) abgefallen, als das*

Gift des Zeitlichen in die Kirche eingeströmt sei. Sie sagen, dass alle Laster und Sünden in der Kirche zu finden seien und sie allein recht haben, dass der Papst das Haupt aller Irrtümer sei, dass der Papst und alle Bischöfe Mörder seien der Kriege wegen, dass der Zehnte nicht zu entrichten sei, weil er in der ursprünglichen Kirche nicht entrichtet wurde, dass die Kleriker keinen Besitz haben dürfen. Die Titel der Prälaten wie Papst, Bischof usw. verwerfen sie. Sie fordern, dass niemand zum Glauben gezwungen werden dürfe; ebenso verwerfen sie alle Sakramente der Kirche. Von dem Sakrament des Abendmahls meinen sie, dass ein Priester in Todsünden es nicht spenden dürfe; dass ein frommer Laie, auch eine Frau, wenn er die Worte kenne, es spenden dürfe; dass die Wandlung nicht in der Hand des unwürdigen Spenders, sondern des würdigen Empfängers vor sich gehe, und dass es an einem gewöhnlichen Tisch gefeiert werden könne. Das Sakrament der Priesterweihe erklären sie für nichtig, weil jeder fromme Laie Priester sei, wie auch die Apostel Laien waren. Alle kirchlich angenommenen Gebräuche, die sie nicht im Evangelium finden, verwerfen sie. Sie behaupten, dass jede Sünde Todsünde sei und keine nur lässlich; ebenso, dass ein Vaterunser mehr wert sei als zehn Glockengeläute und die Messe; dass jeder Eid Todsünde sei.

In den Abschwörungsformeln wird der Dissens zur Kirche deutlich:

„Dass, als St. Sylvester der Kirche die Armut nahm, er ihr die Heiligkeit des Lebens genommen habe und der Teufel in die Genossen des heiligen Sylvester in dieser Welt gefahren sei ... dass es eine zweifache Kirche gebe, die geistliche und die fleischliche; dass die geistliche in jenen Menschen sei, die in vollkommener Armut lebten ... dass die

fleischliche Kirche denen gehört, die, ... in Reichtum und Ehre lebten ... wie die Bischöfe und Prälaten der römischen Kirche ... Diese Kirche, sagte er, sei jene fleischliche Kirche, von der Johannes in der Apokalypse spricht und die er Babylon nennt."

Dass „die Römische Kirche unter dem Namen Babylon in jener sechsten Phase der Kirche, in der wir jetzt leben, von Christus verflucht, verworfen und ausgerottet und ... die geistliche Kirche durch die Verwerfung der fleischlichen Kirche ihren Anfang nehmen und wiederhergestellt werden wird, so wie die alte Synagoge der Juden von Christus verworfen wurde."

1193

In Assisi wird die hl. Klara geboren. Sie schließt sich dem hl. Franz an und gründet zahlreiche Klöster. 1240 und 1241 bewahrte sie ihre Heimatstadt vor den Sarazenen – durch ihr Gebet vor dem Allerheiligsten.

1207

Die hl. Elisabeth wird auf dem Andechs geboren, sie heiratet bald den Landgrafen von Thüringen. Nach dessen Tod gründet sie ein Hospital in Marburg/Lahn.

Ihr Grab sollte im 16. Jahrhundert geschändet und zerstört werden.

1215

4. Laterankonzil. Die Sekte der Katharer verlangt nach einem neuen Glaubensbekenntnis, in dem die neuen Irrlehren zurückgewiesen werden. Das Konzil fordert die jährliche Beichte und Kommunion der Er-

wachsenen; die Wesensverwandlung wird als der richtige Begriff für das Geschehen in der hl. Messe betont.

1216

Papst Honorius III. erkennt die Ordensregel des hl. Dominikus an. Der neue Orden möchte die Predigt erneuern und befasst sich auch mit der Bekämpfung der katharischen Sekten.

Die Dominikaner sind neben dem Franziskanerorden der zweite große Bettelorden des Mittelalters.

> *Zu dieser Zeit ereignete sich ein Wunder, das hier erwähnt werden soll. Wieder einmal hatten unsere Ordensleute und Prediger mit den Häretikern disputiert. Einer der Unseren, Dominikus, ein heiligmäßiger Mann, der Begleiter des Bischofs von Osma, hatte die Zitate, die er in der Debatte gebraucht hatte, schriftlich niedergelegt. Er übergab das Blatt einem der Häretiker, damit er sich mögliche Einwände überlegen könne. In der Nacht waren die Häretiker in einem Haus um ein Feuer versammelt. Der, welcher von Dominikus das Blatt erhalten hatte, las es den andern vor. Diese schlugen vor, es ins Feuer zu werfen; wenn das Blatt verbrannte, dann sollte ihr Glaube – das heißt ihr Aberglaube – richtig sein; wenn es hingegen nicht brennen sollte, würden sie sich zur Wahrheit des Glaubens unserer Prediger bekennen. Alle waren damit einverstanden, und das Blatt wurde ins Feuer geworfen. Und obwohl es ziemlich lange darin war, flog es wieder heraus, ohne auch nur angebrannt zu sein. Sie waren erstaunt. Aber einer der Härtesten unter ihnen meinte: „Werft es noch einmal ins Feuer, wir erproben so die Wahrheit umso sicherer." So warf man es noch einmal hinein, und es kam noch einmal heraus, unverbrannt.*

Das sehend sagte dieser Hartnäckige und Ungläubige: „Werft es ein drittes Mal hinein. So werden wir die Realität erkennen ohne jede Unsicherheit." Man tat es, und auch diesmal brannte es nicht, sondern kam unbehelligt heraus. Aber trotz dieses eindeutigen Wunders wollten sich die Häretiker nicht zum Glauben bekehren. Sie verharrten in ihrer Bosheit und schärften sich gegenseitig ein, dass keiner das Wunder erzählen dürfe. Nur ein Ritter, der unter ihnen war, der sich aber ein wenig unserem Glauben zuwandte, wollte nicht verhehlen, was er miterlebt hatte und erzählte es einigen Leuten. Das war in Montréal geschehen. Ich habe es von dem großen Ordensmann erfahren, der das Blatt den Häretikern gegeben hatte.

Wenn die hierfür Geeigneten das Kloster zur Predigt verlassen müssen, sollen ihnen vom Prior solche Gefährten beigegeben werden, die nach seinem Urteil ihrem Lebenswandel und guten Ruf von Nutzen sind. Gehen sie nach Empfang des Segens hinaus, sollen sie sich überall als Männer, die sehnlichst auf ihr Heil und das der andern bedacht sind, ehrbar und dem Ordensberuf entsprechend verhalten. Wie Boten des Evangeliums sollen sie, den Spuren ihres Erlösers folgend (1 Petr 2,21), für sich mit Gott oder mit den Nächsten von Gott sprechen und vertraulichen Umgang mit verdächtiger Gesellschaft meiden. Unterwegs zur Ausübung des Predigtamtes oder anderswohin sollen sie weder Gold, Silber, Geld noch Geschenke annehmen oder bei sich tragen (Mt 10,9), ausgenommen Speise und Trank sowie die notwendigen Kleider und Bücher. Keiner, der für das Predigtamt oder das Studium bestimmt ist, kümmere sich um die Verwaltung zeitlicher Güter, um ungehinderter und besser den ihm anvertrauten Dienst an den geistlichen Gütern versehen zu können, außer niemand fände sich, der die nötigen Dinge besorgte; denn man

muss sich manchmal mit den Sorgen und Nöten des anstehenden Tages abgeben. An Schiedssprüchen und Rechtsfällen sollen sie sich nicht beteiligen, es sei denn in Angelegenheiten, die den Glauben betreffen.
(Älteste Konstitutionen II, 31)

1226

Der hl. Franziskus von Assisi hatte gegen Ende seines irdischen Lebens die Wundmale Christi empfangen – und er erwies sich so als ein „alter Christus", also als ein Mensch, der ganz von Christus umgestaltet worden ist.

Franz erkannte, dass in der Kirche seiner Zeit die heilige Armut nicht genug vertreten war, schaffte es aber, seine Ideale in Harmonie mit der Kirchenhierarchie durchzusetzen. Damit antwortete er in großartiger Weise auf die Bewegungen, die außerhalb der Kirche ihr Heil suchten.

Wir müssen auch fasten und uns enthalten von Lastern und Sünden (vgl. Sir 3,32) sowie vom Überfluss an Speisen und Trank, und wir müssen katholisch sein. Wir müssen auch häufig die Kirchen aufsuchen und den Klerikern Hochachtung und Ehrfurcht erweisen, nicht allein um ihrer selbst willen – wenn sie Sünder wären –, sondern wegen des Amtes und der Verwaltung des heiligsten Leibes und Blutes Christi, den sie auf dem Altare opfern und den sie empfangen und austeilen. Und wir alle sollen fest wissen, dass niemand gerettet werden kann als nur durch die heiligen Worte und das Blut unseres Herrn Jesus Christus, welche die Kleriker sprechen, verkünden und darreichen. Und nur sie allein dürfen diesen Dienst ausüben und niemand sonst. Besonders aber sind die Ordensleute, die der Welt entsagt haben, verpflichtet, noch mehr und Größeres zu tun, aber jenes nicht zu unterlassen (vgl. Lk 11,42).

Der Leib wird krank, der Tod naht heran, es kommen die Verwandten und Freunde und sagen: „Ordne deine Dinge!" Seht, seine Frau und seine Kinder und die Verwandten und Freunde tun so, als weinten sie. Und er schaut auf und sieht sie weinen; da wird er von einer bösen Regung erfasst. Er überlegt in seinem Inneren und spricht: „Seht, die Seele und meinen Leib und all das Meine lege ich in eure Hände." Wahrhaftig, dieser Mensch ist verflucht, der seine Seele und den Leib und all das Seine solchen Händen anvertraut und überantwortet. Daher sagt der Herr durch den Propheten: „Verflucht der Mensch, der auf einen Menschen vertraut" (Jer 17,5). Und sofort lassen sie einen Priester kommen. Der Priester sagt zu ihm: „Willst du die Buße annehmen für alle deine Sünden?" / Er erwidert: „Ich will." „Willst du Genugtuung leisten für deine Vergehen und für das, womit du Menschen betrogen und hintergangen hast, so wie du es mit deinem Vermögen kannst?" / Er antwortet: „Nein." Und der Priester sagt: „Warum nicht?" / „Weil ich alles in die Hände der Verwandten und Freunde übergeben habe." Und er beginnt, die Sprache zu verlieren, und so stirbt jener Elende.

Es sollen aber alle wissen: Wo und wie auch immer ein Mensch in einer schweren Sünde ohne Genugtuung stirbt – wenn er Genugtuung leisten kann und sie nicht leistet –, da reißt der Teufel seine Seele unter solcher Angst und Drangsal aus dem Leib, wie es niemand verstehen kann, wenn er es nicht selbst erlebt. Und alle Talente und die Macht und das Wissen, das er zu besitzen wähnte, wird ihm genommen werden (vgl. Lk 8,18; Mk 4,25). Und er hinterlässt sein Vermögen den Verwandten und Freunden, und diese werden es nehmen und verteilen und später sagen: „Verflucht sei seine Seele, denn er konnte uns mehr geben und erwerben, aber er hat es nicht erworben." / Den Leib fressen die Würmer. Und so verliert er Seele und

Leib in dieser kurzen Erdenzeit, und er wird in die Hölle kommen, wo er ohne Ende gepeinigt wird.

Kein Bruder soll predigen gegen Vorschrift und Anordnung der heiligen Kirche und nur, wenn es ihm von seinem Minister erlaubt ist. Und der Minister möge sich hüten, jemandem unüberlegt die Erlaubnis zu erteilen. Alle Brüder sollen jedoch durch die Werke predigen. Und kein Minister oder Prediger soll das Amt des Ministers der Brüder oder das Predigtamt sich aneignen, sondern zu jeder Stunde, wenn es ihm befohlen wird, soll er ohne jeden Widerspruch auf sein Amt verzichten.

Mahnlied für die Schwestern der heiligen Klara:

*1 Höret, ihr Armen, von Herrn Gerufenen,
die ihr aus vielen Gegenden und Provinzen zusammengeführt worden seid:
2 Lebt immer in der Wahrheit,
damit ihr im Gehorsam sterbt.
3 Schaut nicht auf das Leben draußen;
das Leben des Geistes ist besser als jenes.
4 Ich bitte euch in großer Liebe,
ihr möget sorgsam mit den Almosen umgehen, die der Herr euch gibt.
5 Jene, die von Krankheit beschwert sind,
und die anderen, die für sie müde geworden sind, ihr alle, ertragt es in Frieden,
damit euch diese Mühsal um vieles wertvoller werde.
6 Denn jede wird Königin sein im Himmel,
gekrönt mit der Jungfrau Maria.*

1231

In Padua stirbt der hl. Antonius; der Ordensbruder des hl. Franziskus war als Theologielehrer für die Franziskaner bestellt worden.

Er gilt heute als Nothelfer in den verschiedenen Anliegen und Padua ist Ziel vieler Wallfahrer.

1241

Im Kloster Steinfeld in der Eifel stirbt der hl. Hermann Joseph. Er dichtete als Mystiker Marien- und Herz-Jesu-Hymnen. Aufgrund seiner besonderen Marienliebe führte er als Beiname den Namen des Pflegevaters Jesu.

1243

In Trebnitz/Schlesien stirbt die hl. Hedwig, sie hatte dort ein Kloster gegründet. Als Herzogin setzte sie sich sehr ein für eine tiefere Christianisierung ihrer Heimat.

1248

Nachdem 1164 die Reliquien der Heiligen Drei Könige nach Köln gekommen waren und der alte Dom ein Opfer der Flammen geworden war, legten die Kölner den Grundstein für den gotischen Dom.

Im Erzbistum Köln lag Aachen; dort wurden die Kaiser und Könige gekrönt, die dann in Köln zu den „Drei Königen" zogen. Der Text des sel. Otto von Freising macht deutlich, wie aus den „Weisen" der Bibel „Könige" wurden.

Christus, nach seiner Geburt im Fleisch noch in Niedrigkeit verborgen, wurde an demselben Tag, dem 6. Januar, den wir Epiphanias nennen, von den drei durch den Stern herbeigeführten Weisen aus dem Morgenlande mit Geschenken angebetet, und, aus der Verborgenheit hervortretend, wurde er der Erhabene und König der Könige genannt. Das also geschah damals vordeutend; dass es sich aber erfüllt hat, dass nämlich Christus nicht nur im Himmel herrscht, sondern auch auf Erden allen Königen gebietet, das ist sonnenklar zu sehen. Daher singt an dem Tage, an dem dies vordeutend geschehen ist, die Christenheit passend zu seinem Lobe: „Sehet, gekommen ist als Herrscher der Herr, und in seiner Hand ist Königtum und Macht und Herrschaft." Und im Offertorium: „Und anbeten werden ihn alle Könige der Erde, alle Völker werden ihm dienen." Damit, dass der Herr Herrscher genannt wird, wird ihm der Name Augustus beigelegt, und wenn es heißt, Königtum und Herrschaft sei in seiner Hand, so wird ihm damit Herrscherwürde zugeschrieben, und wenn endlich versichert wird, dass die Könige ihn anbeten und alle Völker ihm dienen, so wird damit bekundet, dass ihm die höchste Stufe der Monarchie, d. h. die Alleinherrschaft über die gesamte Welt, gehört.

1260

Der hl. Albert der Große übernimmt das Bistum Regensburg, aber bald kehrt er wieder in die Wissenschaft zurück. Er ist nicht nur Theologe, sondern ebenso auch Naturwissenschaftler. Unter anderem erschließt er auch arabisches und jüdisches Wissen für das Abendland.

CA. 1263

In Genua sammelt Erzbischof Jacobus de Voragine Heiligenlegenden. Es entsteht d a s Heiligenbuch des Mittelalters, die „Legenda Aurea". Das Buch entwickelt einen großen Einfluss auf Kunst und Literatur.

Legenden sind nicht frei erfundene „Märchen", die man belächeln könnte. Vielmehr geben die Legenden uns die „Leseart" an, wie wir das Leben der Heiligen aufschlüsseln können. Dass sich die Legenden durchaus kritisch mit der Überlieferung auseinandersetzen, zeigt der Text über Maria Magdalena, die zu allen Zeiten der Kirchengeschichte ein beliebtes Objekt der Fantasie ist.

> *Es gibt solche, die sagen, Maria Magdalena sei die Braut von Johannes, dem Evangelisten, gewesen. Als er sie aber heiraten wollte, da rief ihn Christus von der Hochzeit weg zu sich. Voller Entrüstung darüber, dass er ihr den Bräutigam genommen hatte, ging Maria fort und gab sich jeglicher Lust hin. Aber da es nicht sein sollte, dass die Berufung des Johannes Ursache zu ihrer Verdammnis werde, bekehrte sie der Herr voller Mitleid zur Buße; und weil er sie von größter Fleischeslust befreit hatte, erfüllte er sie vor allen andern mit höchstem Verlangen nach Geistigem und mit der Liebe zu Gott. – Was nun Johannes betrifft, sagen einige: Der Herr habe ihn deswegen vor allen andern des vertrautesten Umgangs gewürdigt, weil er ihn von der Liebe zu Magdalena befreit habe. Aber diese Überlieferung ist falsch und abgeschmackt, sagt doch Bruder Albertus in seinem Prolog zum Johannesevangelium, dass die Braut, von deren Hochzeit Johannes weggerufen wurde, jungfräulich geblieben sei; sie sei darauf mit Maria, der Mutter Christi, verbunden gewesen und sei eines guten Todes gestorben.*

1274

Der hl. Bonaventura war der erste große Theologe des Franziskanerordens. In seiner Schrift „De reductione artium ad theologiam" (Die Zurückführung der Künste auf die Theologie) kommt er ausführlich auf die Hl. Schrift zu sprechen. Er fasst die Lehre der „Schriftsinne" zusammen. Noch heute deutet die Kirche im Geiste des hl. Bonaventura und der gesamten Tradition die Bibel – wie ein Abschnitt aus dem „Katechismus der Katholischen Kirche" aus dem Jahr 1993 zeigt.

1. *Das vierte Licht nun, das zum Verständnis der Heilswahrheiten erleuchtet, ist das Licht der Heiligen Schrift. Es wird ein höheres Licht genannt, weil es zu den höheren Dingen hinführt, indem es offenbart, was die Vernunft übersteigt. Aber auch deshalb heißt es „höheres Licht", weil man es nicht durch Forschen erlangt, sondern weil es durch Eingebung vom Vater der Lichter herabsteigt. Wenn dieses Licht auch seinem buchstäblichen Verständnis nach einfach ist, so ist es doch dreifach nach seinem mystischen und geistlichen Sinn. Denn in allen Büchern der Hl. Schrift lässt sich neben dem buchstäblichen Sinn, den die Worte äußerlich kundgeben, ein dreifacher geistlicher Sinn erfassen: der allegorische, der uns lehrt, was über die Gottheit und Menschheit zu glauben ist; der moralische, der uns lehrt, wie wir leben sollen; und der anagogische, der uns lehrt, wie wir Gott anhangen müssen. Daher lehrt die ganze, Heilige Schrift diese drei Dinge. (1.) die ewige Zeugung und die Menschwerdung Christi, (2.) die Ordnung des Lebens und (3.) die Einigung Gottes und der Seele.*

   Der geistliche Sinn. Dank der Einheit des Planes Gottes können nicht nur der Schrifttext, sondern auch die Wirklichkeiten und Ereignissen von denen er spricht, Zeichen sein.

2. 1. Der allegorische Sinn. Wir können ein tieferes Verständnis der Ereignisse gewinnen, wenn wir die Bedeutung erkennen, die sie in Christus haben. So ist der Durchzug durch das Rote Meer ein Zeichen des Sieges Christi und damit der Taufe.
2. Der moralische Sinn. Die Geschehnisse, von denen in der Schrift die Rede ist, sollen uns zum richtigen Handeln veranlassen. Sie sind „uns als Beispiel … uns zur Warnung … aufgeschrieben" (1 Kor 10,11).
3. Der anagogische Sinn. Wir können Wirklichkeiten und Ereignisse in ihrer ewigen Bedeutung sehen, die uns zur ewigen Heimat hinaufführt [griechisch: „anagoge"]. So ist die Kirche auf Erden Zeichen des himmlischen Jerusalem.

1274

Im gleichen Jahr wie Bonaventura starb auch der hl. Thomas von Aquin. Thomas ist vor allem bekannt durch seine „Summa Theologiae" und durch seine „Summe gegen die Heiden".

Die Kirche lebt aus der Hl. Schrift und die Bibel ist auch immer die Seele der Theologie. In seiner „Summa contra gentes" unterscheidet der Theologe aus dem Mittelalter zwischen Aussageabsicht und zeitgenössischer Ausdrucksweise in der Bibel; er kennt die Gattungen und ordnet die verschiedenen biblischen Bücher je nach ihrer Ausdrucksweise ein. Damit nimmt er im Grunde die Erkenntnisse der so genannten „Kritischen Bibelmethode" vorweg.

Seine Theologie – oft als „Scholastik" verachtet – ruht auf soliden exegetischen Erkenntnissen.

Wo die Schrift etwas berichtet, was den Charakter von Schein hat und was sich nicht tatsächlich so verhält, dann gibt sie dies aufgrund der Erzählweise selbst zu erkennen. So heißt es Gen 18,2: „Er (d. h. Abraham) erhob seine Augen, und siehe, da erschienen drei Männer vor ihm." Damit wird uns zu verstehen gegeben, dass es sich dem Anschein nach um Männer handelte. Daher verehrte er auch Gott in ihnen und bekannte die Gottheit, als er Gen 18,27 sprach: „Ich habe mich nun einmal unterfangen, zu meinem Herrn zu reden, obwohl ich Staub und Asche bin." Wiederum heißt es Gen 18,25: „Das sei ferne von dir! Sollte der Richter der ganzen Erde nicht Gerechtigkeit üben?"

Beschrieben Jesaja, Ezechiel oder die übrigen Propheten Erscheinungen, so führt dies nicht zum Irrtum, denn sie stellen es nicht nach Art einer Geschichtserzählung, sondern als Beschreibung einer Prophetie dar. Dennoch fügen sie stets eine Bemerkung hinzu, mit der man eine Erscheinung bezeichnet, etwa folgendermaßen wie Jes 6,1: „[Im Todesjahr des Königs Usija] sah ich den Herrn Jahwe auf einem hohen und erhabenen Throne sitzen"; Ez 1,3f.: „Dort kam über mich die Hand Jahwes. Ich schaute, und siehe eine Sturmwind kam von Norden" etc.; Ez. 8,3: „Und er streckte etwas aus wie eine Hand ... und brachte mich nach Jerusalem in göttlichen Gesichten ..."

Ebenso kann anderes keinen Irrtum erzeugen, was in den Schriften gleichnishaft von göttlichen Dingen gesagt ist. Einerseits werden die Gleichnisse von Dingen genommen, welche von derart geringer Bedeutung sind, dass deutlich ist, dass sie nach Art von Gleichnissen und nicht veritativ erwähnt werden.

Andererseits findet sich in den Schriften an bestimmten Stellen jenes direkt ausgedrückt, was an anderen Stellen hinter Metaphern verborgen liegt. Hierdurch wird die Wahrheit ausdrücklich bekundet. Dies trifft aber auf den vorliegenden Fall nicht zu, denn kei-

ne Schriftautorität schließt die Wahrheit dessen aus, was über die Menschheit Christi zu lesen ist.

Der Kirchenlehrer setzt sich an der Stelle mit den Gnostikern auseinander, die Jesus lediglich einen „Scheinleib" zusprachen.
Wäre dies der Fall, dann wäre der Mensch in seiner Leiblichkeit nicht erlöst.

Auf ähnliche Weise ist ein fiktionales Verständnis durch den Ausdruck „und ward den Menschen gleich" dadurch ausgeschlossen, dass es heißt: „Er nahm Knechtsgestalt an." Offensichtlich hat man die Gestalt als die Natur aufzufassen und nicht als ein Abbild. So hatte er gesagt: „Er, der in Gottesgestalt war". In diesem Falle steht „Gestalt" für die Natur, denn es steht nicht da, dass Christus gleichnishaft Gott war. Ein fiktionales Verständnis schließt sich ebenfalls durch die folgende Hinzufügung aus: „und ... wurde gehorsam bis zum Tode".

Folglich bezeichnet „Gleichgestaltigkeit" hier nicht die Gleichgestaltigkeit einer Erscheinung, sondern die wahrhafte Gleichgestaltigkeit der Art. Entsprechend sagt man auch, alle Menschen seien artgleich.

Noch ausdrücklicher schließt die Heilige Schrift den Verdacht einer geisterhaften Erscheinung aus. Es heißt nämlich Mt 14,26: „Als die Apostel Jesus über den See schreiten sahen, entsetzten sie sich und meinten, es sei ein Gespenst, und vor Furcht schrien sie auf." Doch der Herr nahm ihnen diesen Verdacht auf treffliche Weise. So wird (Mt 14,27) hinzugefügt: „Er aber redete sie sogleich an und sprach ‚Mut! Ich bin es. Fürchtet euch nicht.'"

Nun ist es offenbar widersinnig anzunehmen, den Jüngern hätte verborgen sein sollen, hätte er nur einen geisterhaften Körper ange-

nommen, wenn man sich vor Augen hält, dass er sie auserwählte, damit sie aufgrund dessen, „was sie gesehen und gehört hatten" (Apg 4,20), das Zeugnis der Wahrheit von ihm ablegten. Falls es ihnen jedoch nicht vorenthalten blieb, so hätte ihnen die Annahme, es handle sich um ein Gespenst, daraufhin keine Furcht eingeflößt.

1292

Der englische Naturwissenschaftler Roger Bacon war ein Zeitgenosse des hl. Albert des Großen und er versuchte ebenfalls, die Natur mit wissenschaftlichen Mitteln zu erforschen. Er entwickelte u. a. die Brille.

Albert und Roger zeigen, dass das Mittelalter keineswegs „finster" genannt werden kann – wie dies im Zeitalter der „Aufklärung" üblich wurde. Bacon ist ein Wegbereiter der heutigen Medizin.

Wer mit der Wissenschaft umgeht, ist entweder ein Mann des Experiments oder ein Mann des Dogmas. Die Männer des Experiments sind wie die Ameise: Sie sammeln nur und verbrauchen. Die Denker gleichen Spinnen, die aus ihrer eigenen Substanz Spinngewebe machen. Aber die Biene steht zwischen beiden. Sie sammelt ihr Material von den Blumen des Gartens und des Feldes, verwandelt und verdaut es aber aus eigener Kraft. Nicht ungleich diesem ist die wahre Aufgabe der Philosophie; denn sie verlässt sich weder allein noch hauptsächlich auf die Geisteskraft; sie nimmt auch nicht die Materie, die sie aus der Naturgeschichte und aus mechanischen Experimenten sammelt und häuft sie, so wie sie kommt, im Gedächtnis auf; sie lagert sie vielmehr verändert und verdaut im Verstand. Darum wäre vieles zu erhoffen von einer engeren und reineren Bindung zwischen diesen beiden Fähigkeiten, der experimentellen und der rationalen (wie sie noch niemals geschaffen worden ist) … Darum (Buch 2, Aphorismus 10) umfassen meine Anleitungen zur Interpretation der Natur zwei grundsätzliche Dinge: wie aus Erfahrung Axiome abzuleiten und zu formen sind und wie aus den Axiomen neue Experimente herzuleiten sind.

UM 1300

Im Kloster Ebsdorf (bei Lüneburg) entsteht die große Weltkarte. Der Erdkreis wird zum Leib Christi; oben ist das Haupt des Erlösers zu sehen, rechts und links der Karte die Hände; unten die Füße.

Mittelpunkt der Karte ist Jerusalem; die Auferstehung Christi wird bildlich dargestellt. Die Heilige Stadt ist in Anlehnung an die Johannesoffenbarung zwölftorig gemalt – ein Verweis auf das Himmlische Jerusalem. Die Karte stellt die Heilsgeschichte dar und möchte keineswegs geografisch bewertet sein.

So ist das Stammpaar Adam und Eva zu sehen oder auch Troja. Die „Karte" ist zugleich eine Jahresleiste der Geschichte Gottes mit den Menschen, wie sie in der Bibel beschrieben ist.

1302

In Helfta/Thüringen stirbt die hl. Gertrud, eine der großen deutschen Mystikerinnen. In ihren Schriften sind viele Anrufungen der späteren Herz-Jesu-Litanei bereits vorhanden.

1309–1377

Die Päpste residieren in Avignon. Sie stehen unter dem Einfluss des Königs von Frankreich: „Babylonische Gefangenschaft der Kirche".

Die hl. Birgitta von Schweden und auch die hl. Katharina von Siena setzen sich für die Rückkehr der Päpste in die Ewige Stadt ein.

Um 1330

Priester Heinrich Otto feiert in Walldürn die hl. Messe und stößt aus Unachtsamkeit nach der hl. Wandlung den Messkelch um. Auf dem Corporale erscheinen die Gestalt des gekreuzigten Christus und Häupter des Erlösers, die um die Gestalt angebracht sind. Bald wird in Walldürn das Heilige Blut verehrt und aus allen Teilen Deutschlands kommen bis heute Pilger in diese Stadt.

1346–1350

Die Pest, der „Schwarze Tod" sucht Europa heim. Man schätzt die Todesopfer auf ca. 25 Millionen Menschen. Da die Ärzte nahezu ratlos vor dieser Epidemie standen, wurden natürlich andere als medizinische Faktoren zur Heilung in Erwägung gezogen. Es bildeten sich Gruppen von Menschen, die mit Gebet diese Epidemie überwinden wollten.

Bekannt geworden sind die Geißler, die Flagellanten. Durch Selbstkasteiung versprachen sie sich Schutz vor dem sicheren Tod durch die Pest.

Ein Marienlied bittet um Erbarmen für die Christen.

> *Maria, Mutter, reine Maid,*
> *erbarm' dich über die Christenheit!*
> *Erbarm' dich über deine Kind',*
> *die noch in diesem Elend sind!*
> *Erwirb uns Huld bei deinem Kind,*
> *des' Reich nimmer kein End' gewinnt,*

dass Er uns lös' von aller Not
und b'hüte vor dem jähen Tod!

Und die uns kein Gut's hant getan,
dass sie des Trosts nit verlustig gahn!
Und nimm die Seel' an deine Hand
und führ's in deines Kindes Land!

Und setz' sie zu der rechten Hand,
da, wo der Schächer Ruhe fand.
Des' helf' uns der Heiland!

1350

In Königsberg lässt der Deutsche Orden eine Bibelübersetzung erscheinen.

In Süddeutschland erscheint eine Gesamtübersetzung, die J. Mentelin seinem Bibeldruck zugrunde legt.

1366

In Ulm stirbt der sel. Priester Heinrich Seuse; er gehört zu den Mystikern des Mittelalters und veröffentlichte u. a. sein „Büchlein von der Ewigen Weisheit".

1373

Die hl. Birgitta von Schweden hatte viele Visionen und sie vertiefte sich ganz in die Passion Christi. Mit ihrem Mann pilgerte sie nach Compostela; er ließ sich nach der Pilgerreise in einem Kloster nieder und sie gründete den Orden der Birgittinnen im schwedischen Wadstena.

1378–1417

Nach der Rückkehr der Päpste aus Avignon kommt es zum „Abendländischen Schisma": Viermal lassen sich Kardinäle als Gegenpäpste aufstellen und nehmen die Wahl an. Nun wurde der Druck in der Kirche immer größer: Das Papsttum als solches geriet in die Kritik. Hatte nicht doch das Konzil die Oberhoheit in der Kirche, auch über das zerstrittene Papsttum?

1380

Als die hl. Katharina von Siena starb, konnte sie voller Freude sein, da einer ihrer großen Wünsche – dass der Papst wieder in Rom residierte – in Erfüllung gegangen war.

Katharina gehörte dem 3. Orden der Dominikaner an; sie hinterließ tiefe und schöne Gebete und viele Erwägungen über die Größe Gottes.

Der Bericht über ihr Sterben gibt einen Einblick in die Frömmigkeit ihrer Zeit – die Menschen lebten ganz auf die Ewigkeit hin und der Tod war das Tor in die „Zeit" Gottes, in die Ewigkeit.

Wir legten nun ein Andachtsbild vor sie hin, ein Täfelchen mit vielen Heiligenreliquien und bestimmten Figuren. Sogleich richtete sie ihren Blick auf den Gekreuzigten. Sie begann zu beten und sprach erhabene Dinge von der Güte Gottes. Im Gebet klagte sie sich vor Gottes Angesicht allgemein ihrer sämtlichen Sünden an. Im Einzelnen sagte sie: „Meine Schuld, ewige Dreieinigkeit, dass ich Dich durch grobe Nachlässigkeit, Unwissen, Undank, Ungehorsam und viele andere Verfehlungen schrecklich beleidigt habe! Ich Elende habe Deine Gebote, die für alle gelten, nicht befolgt, obgleich Deine Güte sie mir Armseligen eigens ans Herz gelegt hat." Sie schlug häufig an ihre Brust und bekannte ihre Schuld. Zugleich fuhr sie fort: „Ich habe Dein Geheiß, das Du mir aufgetragen hast, nicht beachtet. Ich sollte stets danach trachten, Dir die Ehre zu geben und die Mühe meinem Nächsten zu widmen. Doch war ich bestrebt, mir die Ehre zu verschaffen, und bin in der Zeit der Not vor der Mühsal geflohen. Du, ewiger Gott, hast mir befohlen, mich ganz aufzugeben und einzig den Ruhm und Lobpreis Deines Namens in der Rettung der Seelen zu suchen. Diese Speise am Tisch des hochheiligen Kreuzes zu essen, hätte meine Freude sein sollen. Aber ich habe immer den eigenen Trost gesucht und mich nicht darum gekümmert, wenn ich die Seelen in den Händen des Teufels sah. Du hast mich unermüdlich eingeladen, Dich mit verschmachtendem, süßem, liebendem Begehren, mit Tränen, mit demütigen und unablässigen Gebeten für das Heil der ganzen weiten Welt und für die Erneuerung der heiligen Kirche zu bedrängen. Du hast ja versprochen, durch dieses Mittel an der Welt Erbarmen zu üben und Deine Braut zu erneuern. Und ich Erbärmliche habe Dir nicht geantwortet, sondern blieb schläfrig im Bett meiner Nachlässigkeit liegen. Darum sind so viele Übel über die Welt gekommen und solcher Verfall über deine Kirche. Ich Elende!"

Solcher und vieler anderer Versagen klagte sich die reinste Taube an, meiner Meinung nach mehr, um uns ein Beispiel zu geben, als weil sie es nötig gehabt hätte. Dann wandte sie sich an den Priester und sagte: „Um der Liebe des gekreuzigten Christus willen sprecht mich von den Sünden los, die ich im Angesicht Gottes bekannt habe, und auch von allen andern, an die ich mich nicht erinnere." Es geschah so. Hierauf verlangte sie noch einmal die Lossprechung von Schuld und Strafe; diesen Ablass habe sie von Papst Gregor und Papst Urban bekommen. Das sagte sie wie dürstend nach dem Blut Christi.

Man entsprach ihrem Wunsch. Die Augen fest auf den Gekreuzigten gerichtet, begann sie von Neuem andächtig zu beten …

Als das Ende nahte, verrichtete sie ein besonderes Gebet für die heilige Kirche, für die sie, wie sie versicherte, ihr Leben hingebe. Sie betete für Papst Urban VI., den sie mit Nachdruck als wahren Oberhirten bezeichnete, und bestärkte ihre Söhne, für diese Wahrheit das Leben hinzugeben. Dann betete sie mit großer Inbrunst für alle ihre geliebten Kinder, die Gott ihr anvertraut hatte, um sie mit besonderer Liebe zu umhegen. Sie benützte dabei viele Worte, die unser Erlöser bei seinem Gebet für die Jünger zum Vater sprach. Ihr Gebet kam so aus dem innersten Herzen, dass selbst die Steine, nicht nur unsere Herzen, hätten zerspringen müssen. Sie schlug ein Kreuz und segnete alle. So kam sie dem heiß ersehnten Ende immer näher. Sie verharrte ununterbrochen im Gebet und sagte: „Herr, Du rufst mich, dass ich zu Dir komme, und ich komme zu Dir nicht mit meinen Verdiensten, sondern allein mit Deinem Erbarmen. Um dieses Erbarmen bitte ich Dich kraft des Blutes." Schließlich rief sie mehrmals: „Blut, Blut!" Zuletzt sagte sie nach dem Vorbild unseres Erlösers: „Vater, in Deine Hände empfehle ich meine Seele und meinen Geist", und sanft, im Gesicht ganz wie ein Engel, neigte sie das Haupt und gab den Geist auf.

1383

In Wilsnack/Bistum Havelberg wird die Kirche niedergebrannt. Man will drei nicht verbrannte Hostien und heiliges Blut gefunden haben. Bald beginnt eine Wallfahrt zum Hl. Blut. Viele Theologen kritisierten den Wallfahrtsbetrieb, u. a. auch der Kardinal Nikolaus von Kues.

Im 15. Jahrhundert kamen europaweit zahlreiche Wallfahrer nach Wilsnack.

1389

Nachdem ihre Kinder an der Pest gestorben waren, ging die hl. Dorothea von Montau viel auf Wallfahrt. Sie kam auch nach Rom.

Die Quelle weist auf die geistigen Grundlagen der „devotio moderna" hin. Das Glaubensleben aktivierte die affektiven Kräfte des Menschen. Und zugleich ist hier auch Mystik zu finden: Jesus nimmt Dorothea in der Krankheit ganz auf. Und Christus ist der, der auch die körperlichen Gebrechen zu heilen vermag, d. h. der Leidende kann seine Situation in einem hoffnungsvollen Licht sehen.

> *„In Rom geschah Folgendes: Dorothea war am Fest des heiligen Lukas, des Evangelisten, vor dem Beginn des Gnadenjahres nach Rom gekommen (18. Oktober 1389). Mehr als acht Wochen hindurch hatte sie fast täglich die sieben Hauptkirchen Roms mit sehr großer Andacht besucht. Der Herr hatte inzwischen aber beschlossen, sie durch den Heiligen Geist in ihrem Geiste zu erneuern. Dorothea begann nun, ohne dass sie körperliche Schmerzen hatte, bettlägerig zu werden; sie wurde ihrer Kräfte beraubt und war krank. Sie war nicht mehr im Stande, die heiligen Stätten zu besuchen. Durch die Besuchungen der Kirchen hatte sich ihre Gottesliebe sehr gesteigert und ihre heilige Sehnsucht merklich zugenommen. Sie hatte einen solchen Grad der Vollkommenheit erreicht, dass sie mehr aus Liebe als wegen körperlicher Schmerzen dahinsiechte. Schmerz empfand sie gar nicht, weder als sie bettlägerig wurde, noch später, als sie wieder aufstand.*
>
> *Dieses Siechtum dauerte über sieben Wochen. Sie lag darnieder und war nicht fähig, zu gehen oder zu stehen; sie konnte sich nicht einmal von einer Seite auf die andere wenden. Sie lag fast unbeweglich und wie tot da. Ihre Verwandten und Bekannten hatten sie verlassen; sie wurde in ein Krankenhaus gebracht.*

Der Herr zog sie nun an sich und ganz in sich hinein. Er erfüllte sie mit seiner Wonne und spendete ihr in seiner Güte Wohltaten von unaussprechlicher Größe und Mannigfaltigkeit. Einiges hat sie davon innerlich erfahren und empfunden, anderes hat sie aber erst später voll erkannt, als der Herr es ihr wieder ins Gedächtnis zurückrief. Er gestattete ihr aber nicht, viel darüber mitzuteilen.

Was sie damals an Nahrung zu sich nahm, war sehr wenig: an Speise nur so viel, wie man in einer Hand zusammenfassen kann, an Trank eine Menge von etwa einem Liter … Trotzdem war ihr Antlitz rosafarben und lieblich; es veränderte sich nicht zum Nachteil, sondern wurde schöner.

Nachdem sie so schon über sieben Wochen zwischen den Kranken des Hospitals gelegen hatte und die Ärzte und Krankenwärter um ihr Leben bangten, siehe, da erfüllte sie der große Arzt, der alle unsere Krankheiten heilt, mit unermesslicher Freude und zog sie in wundersamer Umarmung an sich. Er, der sie äußerlich am Leben erhalten hatte, hatte sie innerlich durch seine Liebe erneuert. Aber er gab ihr noch nicht die Kraft aufzustehen. Jedoch konnte sie sich plötzlich aufrichten und sitzen; und sie bat um Nahrung. Allen, die es erlebten, erschien es als ein Wunder. Sie hatten gesehen, wie sie so lange Zeit ganz siech gewesen und ohne jegliche Nahrung geblieben war; und nun stellten sie fest, dass sie ganz frisch aussah, schöner, als sie sie je gesehen hatten. Sie blieb zwar noch drei Tage im Bett, saß aber aufrecht darin und war ganz frei von jedem körperlichen Schmerz; gehen konnte sie noch nicht.

Inzwischen war der Sonntag herangekommen, an dem das Tuch mit dem wahren Antlitz des Herrn gezeigt werden sollte. Dorothea hatte das sehnliche Verlangen, es zu sehen. Sie konnte aber nicht al-

lein hinkommen, weil sie noch nicht recht zu gehen imstande war. Sie bestellte sich daher zwei kräftige Männer, die sie begleiten sollten. Aber obwohl diese stark waren und sich sehr anstrengten, waren sie nicht fähig, Dorothea auf dem Wege zur Peterskirche gerade und aufrecht zu halten. Als Dorothea mitten auf dem Wege wieder auf die Knie niedergesunken war, ließen die Männer sie einfach liegen und gingen davon. Dorothea konnte es nicht begreifen, warum sie so schwer geworden war. – Schließlich wurde sie in eine nahe liegende Unterkunft gebracht. Dort lernte sie mühsam innerhalb von 14 Tagen zunächst zu kriechen und dann zu gehen … Endlich konnte sie, auf einen Stock gestützt, in Begleitung lieber Menschen in die Peterskirche gehen; sie wollte dort gern das Tuch mit dem Antlitz des Herrn sehen. Alle wunderten sich, dass sie so wohl und gar nicht krank aussah und doch nicht fähig war umherzugehen.

Dorothea meinte nun, sie würde nicht mehr richtig gehen, sondern höchstens kriechen können. Und sie dachte bei sich: Ich werde in Rom bleiben, an der Treppe zur Peterskirche sitzen und die Vorübergehenden um Almosen bitten müssen. Es machte sie nicht traurig, dass sie nicht mehr recht gehen konnte, dass ihr das Geld ausgegangen war – sie bekam auch zunächst nichts geliehen – und dass sie würde betteln müssen, Alles, was sie da getroffen hatte und was ihr so zuwider war, die Krankheit und die anderen Vorgänge, ertrug sie in Gleichmut und Gelassenheit.

Nachdem sie einige Tage lang sich mühselig durch die Peterskirche geschleppt hatte und, auf einen Stock gestützt, allmählich wieder gehen gelernt hatte, wollte sie auch alles tun, was zur Gewinnung des Jubiläumsablasses vorgeschrieben war. Da stellte sie plötzlich fest, dass das Vaterunser und das Glaubensbekenntnis ihrem Gedächtnis völlig entschwunden waren, diese Gebete, die sie doch von ihrer Kindheit an ihr Leben lang, auch in der Krankheit in Rom, täglich, ja oft gebetet hatte. Es war da in ihr etwas völlig zerrissen, von Grund aus zerstört und ganz verloren gegangen. Und das war eingetreten infolge der großartigen Umwandlung ihres Körpers, der fast ununterbrochen, die sieben und die folgenden zwei Wochen dauernden Ekstasen und der Anderswerdung ihres Geistes, der überaus innigen Vereinigung ihrer Seele mit dem Herrn und der beständigen Heimsuchung Gottes. Der Herr hatte ihr nämlich die ganze Zeit über beigestanden, er hatte sie den ganzen Reichtum seiner Güte teilhaftig werden lassen, erhabener und reicher als je zuvor."

15. JAHRHUNDERT

Im Umfeld des Konzils von Basel (1441–1449) entstand wohl eine „Ars moriendi", eine Anleitung zum Sterben mit Christus. Es gab in dieser Zeit viele solcher frommen Sterbeanleitungen, sowohl in lateinischer als auch deutscher Sprache.

Unser Text ist aus einer „Bilder-Ars" entnommen. Die Bilder zeigen, wie der Teufel dem Sterbenden „etwas vormachen" möchte, d. h. er zieht vor das Gesicht des Sterbenden einen Vorhang, damit dieser nicht mehr den Blick auf den gekreuzigten Christus hat.

Hier folgen die Schlussermahnungen.

Wenn der in seinen letzten Zügen Liegende noch sprechen kann und im Besitz seines Urteilsvermögens ist, verrichte er Gebete und rufe zunächst Gott an, dass er ihn durch sein unaussprechliches Erbarmen und durch die Kraft seines Leidens aufnehmen wolle. Zweitens rufe er inständig die glorreiche Jungfrau Maria als seine Mittlerin an, dann alle Engel und besonders den Engel, der zu seinem Schutz bestellt ist, darauf die Apostel, Märtyrer, Bekenner und Jungfrauen, besonders aber all jene, zu denen er früher als Gesunder eine besondere Verehrung und großes Zutrauen hatte. Man zeige ihm ihre Bilder, das Bild des Gekreuzigten und das der seligen Jungfrau Maria. Auch sage er dreimal folgenden Vers: „Zerbrochen hast du, Herr, meine Fesseln; ein Lobopfer will ich dir darbringen!", denn gemäß Kassiodor soll dieser Vers eine solche Kraft besitzen, dass den Menschen die Sünden nachgelassen werden, wenn sie ihn im Tode in wahrem Bekenntnis sprechen.

Ebenso sage er dreimal folgende oder ähnliche Worte, die im Ganzen dem heiligen Augustinus zugeschrieben werden: „Der Friede unseres Herrn Jesus Christus und die Kraft seines Leidens, das Zeichen des heiligen Kreuzes und die Reinheit der allerseligsten Jungfrau Maria, der Segen aller Heiligen, der Schutz der Engel und die Fürbitte aller Auserwählten seien in dieser Stunde meines Todes zwischen mir und meinen Feinden, den sichtbaren und den unsichtbaren!" Und zuletzt spreche er: „In deine Hände, Herr, übergebe ich meinen Geist!" – Sollte aber der Kranke keine Gebete mehr sprechen können, so soll einer der Beistand Leistenden mit lauter Stimme Gebete sprechen und fromme Geschichten vorlesen, an denen er einst besonders Gefallen hatte. Er selber aber bete mit Herz und Verlangen mit, soweit er dazu noch imstande ist.

Merke dir deshalb: Da alles Heil des Menschen in der Stunde des Todes auf dem Spiele steht, soll ein jeder in weiser Voraussicht darauf bedacht sein, sich um einen frommen, gläubigen und geeigneten Gefährten oder Freund zu kümmern, der ihm an seinem Ende fromm beistehe, ihm zuspreche und Mut gebe, im Glauben standhaft zu bleiben, geduldig, fromm, zuversichtlich und beharrlich zu sein, und der für ihn bei seinem Todeskampf ergeben und fromm Gebete spreche. Aber ach, wie wenige sind es, die im Tod ihren Nächsten treuen Beistand leisten durch Fragen und Mahnen und indem sie für sie beten, besonders wenn die Sterbenden selbst noch nicht sterben wollen und ihre Seelen dadurch oft elendiglich in Gefahr kommen!

1414–1418

Konzil von Konstanz. Das Papstschisma findet ein Ende. Johannes Hus wird verurteilt und anschließend verbrannt. Das Konzil ist der Meinung, es stehe über dem Papst – es hatte lange Zeit Gegenpäpste gegeben.

1417

Der hl. Niklaus von der Flüe war zuerst Ratsherr und hatte eine große Familie. Später zog er sich in die Einsamkeit zurück und lebte zwei Jahrzehnte fast nur von der Eucharistie.

Er wurde immer bekannter als Ratgeber und Vorbild eines heiligmäßigen Lebens.

UM 1445

Rogier van der Weyden malt die Sieben Sakramente auf einem Triptychon. Das Bild zeigt einen Kirchenraum; im Hauptschiff wird am Altar das Messopfer gefeiert. Es vergegenwärtigt das einmalige Kreuzesopfer Christi.

In den Seitenschiffen sind die übrigen Sakramente dargestellt (vgl. hierzu **2005**).

Die Kirche steht hier als siebenfältige Spenderin der Gnaden Christi vor Augen. In der Zeit der Glaubensspaltung sollte diese Apostolische Tradition infrage gestellt werden.

Das Bild verbietet die Redensart, vor der „Reformation" seien die wichtigen Glaubensbegriffe verdunkelt gewesen.

1453

Die Türken erobern „Ost-Rom", die Stadt Konstantinopel am Bosporus.

1464

Den Mysterienspielen, die an Hochfesten vor den Kirchenportalen aufgeführt wurden, ging es um eine wiederholende Vergegenwärtigung der Heilsgeschichte. Die Geschichte des Heils, Weihnachten, Ostern etc., wurde aber mit dem Leben der Zuschauer konfrontiert.

Das Osterspiel von Rentbin/Ostsee spielt zunächst kommentierend die biblischen Osterberichte nach; im zweiten Teil darf dann der Teufel, der durch Christus entmachtet wurde, noch einmal durch die Welt streifen, um Seelen zu gewinnen.

Dabei trifft er auch auf einen Priester.

> *Luzifer*
> *To jodute! To jodute, o Graus!*
> *Satan bleibt ja zu lange aus.*
> *Ach, wer wollte das erkunden,*
> *ob er etwa für krank befunden?*
> *Wenn ihn die Seuche niederzieht,*
> *wüßt ich, wer ihm das Glas besieht.*
> *Hätte er irgendwen genommen,*

so wäre er mit den Ersten gekommen.
Ich sorge mich sehr, doch scheint es mir,
dass er draußen nach Seelen spür.
In Künsten war er ja der Beste.
O weh, nun ist er doch der Letzte.
Er wollt wohl der Seelen so viele herjagen.
Ich fürchte, er wurd auf dem Weg erschlagen.
Doch ich will nicht davon lassen,
nach ihm zu forschen in allen Straßen.
Wenn er meine Stimme hört,
so glaub ich schon, er bringt sich fort.
Satan! Satan! Treues Blut!
O weh! Ich fürchte, er ist tot.

Satan im Zuschauerraum mit einem Pfaffen.

Satan
Wohl auf, wohl auf, Herr Dominus!
Ich fürchte, mein Herr, der schilt mich aus.
Macht etwas kürzer euer Gebahren.
Was hilft es, hier länger zu verfahren?
Als Späne nehm ich Eure Lektion.
Ihr müsst nun folgen meinem Ton.
Auf den Lippen tragt Ihr stets das Gebet.
Ich merke schon, was dahintersteht:
Das Herz war nie dabei.
Wohlauf, Herr Kahlkopf, folget mir!

Pfaffe
Nun segne mich der heil'ge Christ.
Ich beschwöre dich, sag mir, wer du bist?
Du solltest mich lassen in Ruhe leben
und lass mich meine Horen lesen.
Ich bin beschäftigt mit heiligen Worten.
Gott, der wird dir nicht gestatten,
dass du nach deiner falschen Lust
mir auch nur irgendwie Arges tust.

Satan
Weh, was hilft das viele Reden dir?
Fürwahr, du musst doch folgen mir.
Du möchtest dich allzu heilig machen.
Ich weiß wohl noch von andern Sachen.
Ich weiß nicht viel, was du da liest,
doch dass du deine Horen wohl oft vergisst.
Du willst immer aus dem Vollen leben
und willst dich nicht aus den Kneipen heben.
Wie Wasser trinkest du das Bier.
Geh zu, du altes Trampeltier!

Pfaffe
Ich lob allzeit den guten Gott.
Du treibst mit mir nur deinen Spott.
Wahrlich, du sollst dich wohl vor mir bewahren.
Ich muss hier anders nun verfahren.
Halt, Kerl, halt, halt!
Hätte ich Weihwasser und geweihtes Salz,

ich wollte dir den Geist ausblasen.
Du müsstest ohne mich fortrasen.

Satan nähert sich mit dem Pfaffen der Bühne.

Satan
Blah, blah, Herr Schreihals, blah!
Weh, weh, was nennst du da?
Wenn du noch viel der Rede beginnst,
wahrlich du mich noch ganz gewinnst.
Ich lass dich aber nicht länger quaken.
Du sollst dich jetzt von hinnen machen!

Luzifer
Ach, mein Herz springt mir vor Freud'.
Mich dünkt, ich hör, wie Satan schreit.
Er singt auch noch, so dünkt es mich.
Ich hoffe, er ist noch lebendiglich.
Wenn er auch nur selber kommt.
Ich frag nicht danach, was es uns frommt.
Das reicht zum Erbarmen von harten Steinen.
Kommt er, so muss ich vor Liebe weinen.

CA. 1480

Wenn über die „Reformation" gesprochen wird, so setzen viele Historiker schweigend voraus, dass vor ihr die Kirche in einer „Deformation" befangen war. Dass dies nicht stimmt, zeigt die Kunst des 15. Jahrhunderts zu Genüge. Es waren auch nicht die viel beschworenen „theologischen Missverständnisse", die Martin Luther zur Aufgabe der Lehre von den Sieben Sakramenten haben kommen lassen.

Um 1480 erschien die älteste Gesamtauslegung der hl. Messe. Dort wird keineswegs die Meinung vertreten, das Messopfer erneuere das einmalige Kreuzesopfer Christi. Der Text spricht ausdrücklich davon, dass das Opfer „… wirt wernn biß an den jungsten tag …" Es handelt sich also um ein Opfer, damals auf dem Kalvarienberg und heute auf den Altären. Der Priester vollzieht dieses Opfer „in persona Christi". Die Realpräsenz ist deutlich mit den Worten „… verwandeln …" und „… verkeren …" ausgedrückt.

Wenn der Text erwähnt, dass die Opfer des Alten Bundes zu Ende sind durch Christi einmaliges Kreuzesopfer, dann schließt er geradezu aus, die hl. Messe sei doch wieder eine „Wiederholung" des Kreuzesopfers Christi.

Nymwar! der priester spricht dise wort in der persone Cristi und nicht in eygner persone. Und darumb so spricht er die wort Cristi, die dy wurckung haben, – so er spricht in rechter meynung – wirt der leyb Cristi etc. Wer aber sach, das der priester so verlassen wer und so boeß, so er dise wort der wandlung sprechen wer, nicht in seyner neynung het, zewandelnn das prot in den leyb Cristi; es belib prot unverwandelt. Darumb muß alwegen da sein die meinung zu wandelnn und dy vorgenante fuenf wort gesprochen werden; und auch die recht materi des protes, so aufgesetzt ist und geordnet von der kirchen. Welchs unter den dreyen mangel wer, so wuerd nicht gewandelt der leyb Cristi Ihesu.

Der Herre sprach: des newen und ewigen testaments; darmit was er uns bedeuten mit disen worten, das da auß wer das alt testament der Alten Ee und die ding, die in der Alten Ee gefiguriert waren, und die selbigen oppfer auß warnn. Da fieng die New Ee und das new oppfer an, das da uebertrifft alle oppfer, dy ye warn nun ymmer wer-

123

den, wann an das selbig new lebendig oppfer nyemant selig werden mag. Wann der Herre sprach auch: „das ewig oppfer"; das ist: das keyn anders oppfer nymmer mer erdacht solt werden; denn das oppfer das sol und wirt wernn biß an den jungsten tag.

Und wenn der priester die nechsten beruerten wort ueber den kelich nach der ordnung gesprochen hat, so ist denn da von stunden an der wein und wasser in dem kelich verwandelt und verkert in das plut und wasser Cristi Ihesu des herren, das da floß und rann von seinem leyb und auß seyner heyligen seyten, da er was hangen an dem stammen des heiligen kreuztes.

Und draumb in der sprechung diser worte da macht er seine lieben jungernn zu priesternn und empfalch in, fueran zu segnen seyne heyligen und wirdigen sacrament; und beschloß dar mit die figuren der alten ding. Und gab in den gewalt, fuerbaß messe zu lesen, priester zu weyhen, und den menschen auch ire suende zu vergeben, wem sie anders leyd seyn; und gab in auch den schluessel zu dem hymelreych.

Darumb so sprach der herre Cristus Ihesus als oft ir das thun seyt, als oft thund es in meyner gedechtnuß, als ob er sprech: als oft ir fueran hin messe lesen werdent und mich nyessen seyt in dem heyligen sacrament, oder die andernn junger – das ist: die cristen menschen – speysen mit meynem heyligen fronleychnam, als offt thund es in meyner gedechtnuß; das ist, das ir mein leyden und mein sterben betrachten seyt und in ewrem hertzen tragen seyt.

1478

In Köln beginnt die Herausgabe einer gedruckten deutschen Bibel; später dann wird diese Übersetzung Grundlage von weiteren Bibeln in der Landessprache, so in Halberstadt und in Lübeck (1494).

Weitere deutsche Bibeln, die vor Martin Luther herausgegeben worden sind, sind heute im Mainzer Gutenberg-Museum zu sehen.

ENDE 14. JAHRHUNDERT

In Altötting/Bayern nimmt die Wallfahrt zum dortigen Gnadenbild aus dem 13. Jahrhundert einen großen Aufschwung. In der Zeit nach der Glaubensspaltung wird dort Feldherr Tilly, der gegen die evangelischen Truppen gekämpft hatte, beigesetzt.

Altötting ist bis heute eine der großen Wallfahrtsstätten in Deutschland.

1503

Papst Alexander VI. wird gerne von Kirchenkritikern als ein Beispiel für einen „schlechten" Papst herangezogen. Der Papst ließ sich, was den Glauben angeht, nichts zu Schulden kommen. Er teilte das neu entdeckte Amerika in eine portugiesische und spanische Zone ein und förderte die Missionierung der neuen Welt.

Sogar mit dem Kritiker Savonarola aus Florenz ging er ziemlich moderat um.

Das schlechte Licht, das auf Alexander VI. fällt, kommt aus den Tagebüchern des Johannes Burcardus. Er war aus Straßburg wegen Diebstahls und Urkundenfälschung vertrieben worden, stieg aber dann in der römischen Kurie zum Zeremonienmeister auf. Die heutige Forschung erkennt in seinen Nachrichten viele Übertreibungen und auch vollkommen Falsches. Sowohl die Nationalsozialisten als auch andere kirchenfeindliche Ideologen haben sich immer wieder auf diese Nachrichten des Burcardus berufen. Was oft übersehen wird, ist die Tatsache, dass der Papst versöhnt mit der Kirche aus der Welt geschieden ist.

> *Am Aschermittwoch, 28. Februar, sprach der Papst in der Hauptkapelle des Palastes den Segen über die Asche. Zuerst streute sie ihm der zelebrierende Kardinal Groslaye auf, dann er dem Kardinal, hierauf den andern, in der gewohnten Weise. Der Gesandte Venedigs schüttete dem Papst nach dem Aufstreuen der Asche das Wasser über die Hände. Guglielmo Serra vom Minoritenorden, im Chorhemd und Pluviale ohne Mitra, hielt die Predigt; er küsste dem Papst den Fuß, weil er noch nicht geweihter Bischof war. Das andere wurde in gewohnter Weise gehalten, Kardinal Cesare Borgia wohnte der Messe und dem Gottesdienst nicht bei. Nach der Messe gewährte der Papst auf meine Bitte uns, den Zeremonienmeistern, allen Sängern und den übrigen Angehörigen der päpstlichen Kapelle die Erlaubnis, es könne sich jeder von uns einen Beichtvater aussuchen, der uns von allen Sünden, auch denen, die nur der päpstliche Stuhl vergeben könne, freisprechen und vollen Ablass erteilen solle; durch täglichen Besuch des Hauptaltars von St. Peter sollten wir auch den Ablass der Stationen in der Stadt erlangen. Als er dann in der Camera Papagalli die geweihten Gewänder ablegte, befahl er dem Datarius Giovanni Ferrari, Bischof von Modena, er solle mich in die Vorzugsliste seiner alten Vertrauten einschreiben und mich meinem Kollegen Bernardino Gutteri gleichstellen.*
>   *Am Abend des letzten Oktober 1501 veranstaltete Cesare Borgia in seinem Gemach im Vatikan ein Gelage mit 50 ehrbaren Dirnen,*

Kurtisanen genannt, die nach dem Mahl mit den Dienern und den andern Anwesenden tanzten, zuerst in ihren Kleidern, dann nackt.

Am Samstag, 20. April 1499, bekam der Papst einen Brief aus Frankreich mit der Mitteilung, dass zwischen dem ehemaligen Kardinal Cesare Borgia und dem Herrn d'Albret namens seiner Tochter der Ehevertrag geschlossen worden sei, in dem, wie es hieß, u. a. stand, dass der Papst 200 000 Dukaten Mitgift geben und die Ehe nicht eher vollzogen werden sollte, bis Seine Heiligkeit den Bruder der Braut zum Kardinal ernannt hätte.

An 23. Mai kam ein Kurier aus Frankreich mit der Meldung an den Papst, sein Sohn Cesare, der ehemalige Kardinal, habe mit dem Fräulein d'Albret am Sonntag, den 12. Mai, die Ehe geschlossen und vollzogen und es achtmal hintereinander gemacht. Ein anderer Bote meldete, der König von Frankreich habe an Pfingsten, 19. Mai, den Herzog in die Bruderschaft St. Michael aufgenommen, die königlich und sehr ehrenvoll ist. Deshalb wurden am Abend des 23. Mai auf Befehl des Papstes eine Menge Feuer in der Stadt angezündet, und zwar vor den Häusern der Kardinäle Orsini und Groslaye, Lucretias und vieler Spanier, zum Zeichen der Freude, aber zur großen Schmach und Schande des Papstes und seines Heiligen Stuhles.

Am Samstag, 12. August, fühlte sich der Papst am Morgen unwohl. Nach der Vesperstunde, zwischen 6 und 7 Uhr, trat Fieber auf, das dauernd blieb.

Am 15. August wurden ihm 13 Unzen Blut entzogen, und das dreitägige Fieber kam hinzu.

Am Donnerstag, 17. August, 9 Uhr vormittags, nahm er Medizin.

Am Freitag, dem 18., zwischen 9 und 10 Uhr legte er dem Bischof

Gamboa von Carignola die Beichte ab, der dann vor ihm die Messe las; nach seiner Kommunion gab er dem im Bett sitzenden Papst das Sakrament der Eucharistie. Dann vollendete er die Messe, der fünf Kardinäle beiwohnten: Serra, Juan und Francesco Borgia, Casanova und Loris. Zu ihnen sagte der Papst darauf, es gehe ihm schlecht.

Zur Vesperstunde verschied er nach der Letzten Ölung, die ihm Gamboa erteilt hatte, außer dem nur noch der Datarius und die päpstlichen Reitknechte zugegen waren. Cesare, der krank lag, entsandte Michelotto mit zahlreicher Mannschaft, die alle Türen nach dem Ausgang und der Wohnung des Papstes verschlossen. Einer von ihnen zückte den Dolch und bedrohte den Kardinal Casanova: Wenn er ihm nicht die Schlüssel und das Geld des Papstes gebe, werde er ihn erstechen und aus dem Fenster werfen. Der erschrockene Kardinal gab die Schlüssel heraus.

1515

Im spanischen Ávila wird Theresia geboren; im Karmel wird sie zu einer der großen Frauengestalten der spanischen Kirche. Ihr Schrifttum ist so reich und tief, dass sie zur Kirchenlehrerin erhoben wurde.

1515

Als sich in Deutschland die Kirchenspaltung durch Martin Luther anbahnte, wurde in Italien einer der großen wahren Reformer des 16. Jahrhunderts geboren, Philipp Neri. Er gründete später die „Oratorianer", die in Rom entscheidende Anstöße zu einer Erneuerung geben konnten.

Zu den Oratorianern gehört auch Cäsar Baronius, der „Vater der Kirchengeschichtsschreibung". Er widerlegte durch seine „Annales" die Geschichtsfälschungen der Kirchenspalter.

1516

Der hl. Kajetan wird zum Priester geweiht. Er gründet zusammen mit dem späteren Papst Paul IV. den Orden der Theatiner. Der Orden wirkte vieles für die Gegenreformation. In München ist bis heute die Theatinerkirche Zeichen für das neue Zeitalter des kirchlichen Barock und steht für den erstarkten Katholizismus nach der Kirchenspaltung Luthers.

1516

Erasmus von Rotterdam, einer der führenden Humanisten seiner Zeit, veröffentlichte – gemäß dem Motto „Ad Fontes" (Zurück zu den Quellen) – eine griechische Ausgabe des Neuen Testamentes, die auch Martin Luther später benutzen sollte.

Erasmus misstraute der oft übertriebenen Frömmigkeit seiner Zeit und verwies die Theologen zu Recht auf den Wert der Hl. Schrift. Als Spötter, der er auch war, setzte er sich kritisch mit der „Scholastik" auseinander. Er stand aber dem Papsttum loyal gegenüber, wenn auch nicht unkritisch.

> *Wenn einer die Spur zeigt, die der Fuß Christi zurückgelassen hat, wie fallen da wir Christen auf die Knie und wie beten wir da an! Jedoch warum verehren wir nicht in diesen Schriften sein lebendiges und atmendes Bild? Wenn jemand den Leibrock Christi ausstellt, eilt man da nicht aus der ganzen Welt zusammen, um ihn zu küssen?*

Aber auch wenn du seinen ganzen Hausrat bringen könntest, nichts würde sein, was Christus deutlicher und wahrhaftiger wiedergäbe als die Schriften der Evangelien. Ein hölzernes und steinernes Standbild schmücken wir aus Liebe zu Christus mit Gold und Edelstein. Warum werden diese nicht lieber mit Gold und Edelsteinen und mit noch Kostbarerem geschmückt, wo doch diese uns Christus um so viel näherbringen als irgendwelche Bildchen? Was kann jenes sonst als die Umrisse des Körpers zeigen, wenn es überhaupt etwas von jenem zeigt. Diese jedoch bringen dir das lebendige Bild jenes hochheiligen Geistes und Christus selbst, wie er redet, heilt, stirbt, aufersteht, und machen ihn schließlich so in seiner Fülle gegenwärtig, dass du weniger sehen würdest, wenn du ihn mit Augen schautest.

Ich meine, es soll sich keiner als Christ vorkommen, wenn er mit dornigen und beschwerlich verworrenen Worten über „Instanzen", „Relationen", „Quidditäten" und „Formalitäten" disputiert, sondern wenn er hält und bekennt, was Christus gelehrt und gezeigt hat. Nicht, dass ich die Bemühungen jener verdamme, die in Scharfsinnigkeiten dieser Art die Kräfte ihres Talentes nicht ohne Ruhm geübt haben, auch nicht, dass ich jemanden verletzen möchte, aber ich würde glauben – und wahrlich, ich hoffe mich nicht zu täuschen –, dass jene reine und unverfälschte Philosophie Christi nicht von anderswoher mit Erfolg geschöpft werden kann als aus den Büchern der Evangelien, als aus den Apostelbriefen, in denen einer, der fromm philosophiert, eher betend als argumentierend, eher auf Lebensänderung bedacht als auf Bewappnung, gar wohl findet, dass es nichts gibt, was für das Glück des Menschen oder für irgendeine Aufgabe dieses Lebens Belang hätte, was nicht darin überliefert, behandelt und abgeschlossen wäre.

Die Päpste befehlen als Menschen auch für schwache Menschen, und für sehr verschieden schwache, den Zeitumständen entsprechend, was förderlich scheint. Daher ist es unumgänglich notwendig, dass sich in ihren Dekreten auch manchmal gewisse befinden, die auf die menschlichen Leidenschaften Rücksicht nehmen, in denen du dir aber die Unschuld Christi wünschen würdest.

1520

Bereits mit der Veröffentlichung des Buches „An den christlichen Adel deutscher Nation" wurde für viele Menschen deutlich, dass Martin Luther eine „neue" Kirche wollte; er unterschied nicht mehr zwischen Allgemeinem Priestertum und dem Weihepriestertum. Die „Weihe" ist für ihn nicht ein Sakrament, sondern eine „Einweisung". Damit aber wird auch der Zusammenhang von hl. Messe und Priesterweihe aufgegeben.

Denn alle Christen sind wahrhaft geistlichen Standes, und ist unter ihnen kein Unterschied denn des Amts willen … Demnach so werden wir allesamt durch die Taufe zu Priestern geweihet, wie St. Peter, 1 Petr 2,9, sagt: „Ihr seid ein königlich Priestertum und ein priesterlich Königreich", und die Offenbarung: „Du hast uns gemacht durch dein Blut zu Priestern und Königen." Denn wo nicht eine höhere Weihe in uns wäre, denn der Papst oder Bischof gibt, so würde nimmermehr durch des Papstes oder Bischofs Weihen ein Priester gemacht, könnte auch weder Messe halten noch predigen, noch absolvieren. Darum ist des Bischofs Weihe nichts anderes, denn als wenn er an Statt und Person der ganzen Versammlung einen aus dem Haufen nähme – die alle gleiche Gewalt haben – und ihm beföhle, dieselbe Gewalt für die andern auszurichten, gleich als wenn zehn Brüder, Königs Kinder und gleiche Erben, einen erwählten, das Erbe für sie zu regieren; sie wären alle Könige und gleicher Gewalt, und doch einem zu regieren befohlen wird. Und dass ich's noch klarer sage; wenn ein Häuflein frommer Christenlaien würden gefangen und in eine Wüstenei gesetzt, die nicht bei sich hätten einen von einem Bischof geweihten Priester, und würden allda der Sache eins, erwählten einen unter sich, er wäre ehelich oder nicht; und beföhlen ihm das Amt, zu taufen, Messe zu halten, zu absolvieren und predigen, der wäre wahrhaft ein Priester, als ob ihn alle Bischöfe und Päpste hätten geweihet (…) Denn was aus der Taufe gekrochen ist, das mag sich rühmen, dass es schon zum Priester, Bischof und Papst geweihet sei, obwohl nicht einem jedem ziemt, solch Amt zu üben (…) Drum sollte ein Priesterstand nicht anders sein in der Christenheit denn als ein Amtmann; dieweil er im Amt ist, geht er vor: wo er abgesetzt, ist er ein Bauer und Bürger wie die andern. Ebenso wahr wahrhaftig ist ein Priester nicht mehr Priester, wo er abgesetzt wird. Aber nun haben sie erdichtet caracteres indelebiles und schwätzen, dass ein abgesetzter Priester dennoch etwas anders sei denn ein schlichter Laie (…) So folgt aus diesem, dass Laien, Priester, Fürsten, Bischöfe und, wie sie sagen, „Geistliche" und „Weltliche" keinen anderen Unterschied im Grunde wahrlich haben, den des Amtes oder Werkes halben und nicht des Standes halben.

1524

Lange hatte Erasmus von Rotterdam nicht öffentlich gegen die Kirchenspaltung Luthers Stellung nehmen wollen; doch im Jahr 1524 erschien sein Werk über den freien Willen – und Martin Luther sah sich richtig gedeutet. Erasmus deckte dann in seiner Erwiderung auf Luthers Schrift

„Über den freien Willen" noch deutlicher die fraglichen Quellen der angeblichen „Reformation" auf.

Leider hat bislang die Argumentation des Erasmus in seinem „Hyperaspistes" nicht die nötige Beachtung gefunden.

Erasmus greift auch die Person Luthers an; Luther hatte seinerseits den Erasmus ebenfalls persönlich angegriffen.

> *Hier zeigen sich deine bekannten Übertreibungen, ohne die du nichts schreibst. Den Sophisten (so nennst du nämlich die Theologen) schreibst du überall höchste Gottlosigkeit zu, und von mir sagst du, ich schreibe so gottlos, dass ich von den Zähnen der Gottlosen hätte zerfleischt werden müssen, wenn du sie nicht mit deiner Frömmigkeit abgelenkt hättest ...*
>
> *... du hast uns gezwungen, über diese Dinge zu disputieren, der du diese Fragen aus den Universitäten in die Saufgelage gezerrt hast ...*
>
> *Wenn du derartige Schmähungen gelegentlich in einer grässlichen, schon überwundenen Sache ausstießest, könnte man das Leidenschaftlichkeit nennen; weil du jetzt überall derartig schimpfst und kein Ende findest, obwohl nichts irgendeine Schmähung herausfordert, und du nicht bewiesen hast, was du annimmst, sieht ein jeder, o Luther, dass diese deine so zügellose Schimpferei eine Krankheit deines Geistes ist, die ich lieber verachten als nachahmen will.*
>
> *Im Übrigen setze ich in keine andere Sache mehr Hoffnung oder erwarte mehr Trost als aus der Heiligen Schrift, aus der ich, wie ich glaube, so viel Erleuchtung geschöpft habe, dass ich ohne deine strittigen Lehren von der Barmherzigkeit Gottes das ewige Heil erhoffe. Daher ist auf meiner Seite die Ehrfurcht vor der Schrift nicht geringer als aufseiten derer, die sie aufs frömmste anbeten. Was ferner*

die Ehrfurcht vor der Kirche anlangt, bekenne ich, dass ich immer gewünscht habe, dass die Kirche von gewissen Unsitten gereinigt werde und dass ich nicht in Bausch und Bogen allen Lehren der Scholastiker zustimme, dass aber im Übrigen die Entscheidungen der katholischen Kirche, zumal die, welche auf allgemeinen Konzilien veröffentlicht wurden und in der gemeinsamen Überzeugung des christlichen Volkes Beifall fanden, bei mir so viel Gewicht haben, dass ich, wenn auch mein kleiner Geist aus menschlichen Gründen nicht versteht, was die Kirche vorschreibt, es dennoch wie ein von Gott ausgegangenes Orakel annehmen will, und keine Vorschrift der Kirche wird von mir verletzt werden, es sei denn, die Not selbst mildert das Gesetz.

Ich weiß, dass es in dieser Kirche, die ihr die papistische nennt, viele gibt, die mir missfallen; aber solche sehe ich auch in deiner Kirche. Leichter aber werden Übel ertragen, an die man sich gewöhnt hat. Ich ertrage also diese Kirche, bis ich eine bessere sehe: Und dieselbe ist gezwungen, mich zu ertragen, bis ich selbst besser werde. Auch segelt der nicht unglücklich, der zwischen zwei entgegengesetzten Übeln einen Kurs zwischendurch einhält.

Denn das machst du zum Vorwurf, und inzwischen nimmst du an, alles, was du lehrst, sei das Wort Gottes, sodass nichts mehr fehlt, außer dass du zum Christus wirst, der von Neuem das Evangelium predigt. Und doch, wie es für uns nicht feststeht, von welchen Geist du gelenkt wirst, so sind wir noch nicht überzeugt, dass alles, was du lehrst, das Wort Gottes sei. Was andere denken, weiß ich nicht, ich jedenfalls bekenne, dass ich zu denen gehöre, die lieber zehnmal sterben, als einmal den Lauf des göttlichen Worts hemmen wollen.

Wenn du daher willst, dass dein Lehrsatz gleichermaßen Glauben findet, wie wir das Glaubensbekenntnis der Apostel glauben, weise ebenso klare Schriftzeugnisse vor und lehre, dass dein Lehrsatz gleich von den Zeiten der Apostel zusammen mit dem Evanglium auf uns gekommen ist. Wie ich daher jene Glaubensartikel ganz fest glaube, so war mir das Dogma vom freien Willen nicht zweifelhaft, nachdem die katholische Kirche darüber entschieden hatte.

Kein vernünftiger Mensch glaubte den Donatisten, die mit großer Hartnäckigkeit zu überzeugen suchten, dass bei allen übrigen Kirchen die Taufgnade vergangen und nirgends unverdorben geblieben sei außer in ihrer eigenen Kirche. Und du willst, dass wir sofort glauben, dass in so vielen Jahrhunderten das Evangelium durch den Satan verhüllt gewesen wäre, das jetzt durch dich enthüllt wird, und dass es bei niemandem eine echte Auslegung der Schrift gebe, außer in Wittenberg. In einer so unglaubwürdigen und gefährlichen Sache dürfte es nicht genügen, mit Behauptungen und alltäglichen Argumenten vorzugehen: Du musst schon Einleuchtendes, Sicheres, endlich Achilleisches vorbringen. Oder wirst du hier, wenn beide Seiten Schriftzeugnisse vorgebracht haben, den Hausverstand zu Hilfe rufen, der den Streit entscheiden soll?

1531

In Mexiko erscheint Maria einem Ureinwohner. Eine Kirche wird bald errichtet. In Europa brechen ganze Nationen von der einen Kirche durch die Glaubensspaltung ab, in der „Neuen Welt" wird Guadalupe zu dem größten Wallfahrtsort.

1532

Die Hl. Blut-Reliquie in Wilsnack wird durch einen evangelischen Pfarrer verbrannt, nachdem Martin Luther aufgerufen hatte, die dortige Kirche dem Erdboden gleichzumachen.

1532

König Heinrich VIII. von England hatte zunächst gegen die Irrlehren Martin Luthers schriftlich Stellung bezogen. Nachdem er aber Anne Boleyn heiraten wollte – weil seine Ehe ohne männlichen Thronfolger blieb –, erklärte er sich zum Oberhaupt der englischen Kirche. Der Papst konnte und durfte die Ehe nicht annullieren.

Thomas More, der Lordkanzler Englands, legte sein Amt nieder, weil er weiterhin den Papst als Oberhaupt der gesamten Kirche anerkennen wollte. Heinrich VIII. ließ nach seiner Heirat mit Anne Boleyn More und auch Kardinal Fisher von Rochester hinrichten; er löste die Klöster auf und zog das Kirchenkapital ein.

Thomas More wandte sich mit scharfem Blick gegen eine Bibelauslegung, die von der Tradition und vor allem den Kirchenvätern absieht. Er konnte als aufrechter Katholik nicht dem König nachgeben, wenn dieser sich – übrigens mit der Zustimmung größter Teile des Klerus – zum Oberhaupt der englischen Kirche ernannte.

Man stelle sich vor, jeder Christ lege die Heilige Schrift nach seinem Belieben aus, jeder glaube dann weiter seinen eigenen Auslegungen; er könnte sich ja damit in den schönsten Gegensatz zur Auffassung der heiligen Kirchenväter und Kirchenlehrer bringen; keiner von all unseren Glaubenssätzen hätte mehr lange Bestand: Der hl. Hieronymus sagt einmal: „Wenn die Erklärung anderer Gelehrter und die

Übereinstimmung der katholischen Kirche nicht mehr Gewicht hätte und jeder Beliebige für seine Ansicht Anhänger fände, so könnte auch ich noch eine neue Sekte gründen und an Hand der Heiligen Schrift beweisen, dass keiner ein echter Christ ist, der zwei Betten besitzt!"

Ich bin der festen Überzeugung, dass die heiligen Kirchenväter glaubten, Fleisch und Blut Christi seien im Altarsakrament wirklich zugegen; so lehrten sie auch ihre Schüler, wie aus ihren Büchern ganz klar hervorgeht. Hätten sie annehmen müssen, die Gegenwart Christi im Altarsakrament sei ein Ding der Unmöglichkeit, hätten sie auch nur den leisesten Zweifel über seine Gegenwart gehabt, so hätten sie doch bestimmt um nichts in der Welt geschrieben, er sei dort zugegen. Glaubt Ihr etwa, diese heiligen Männer hätten andere zum Glauben an die Gegenwart Christi angehalten, wenn sie sich nicht dazu verpflichtet gefühlt hätten? Würden sie denn vielleicht anderen sagen, sie sollten Christi Leib und Blut verehren, wenn sie nicht selbst an seine Gegenwart glaubten? Solche Annahmen sind überhaupt zu kindisch, als dass man über sie noch ein Wort verlieren sollte. Der Herr Sekretär meinte dazu: „Ihr habt gewiss während Eurer Kanzlerschaft Häretiker, Diebe und Übeltäter verhört und Euch damit große Verdienste erworben. Ihr habt aber gewiss diese Menschen dahin geprüft – wenn Ihr dies unterlassen habt, so holten es bestimmt die Bischöfe nach –, ob sie an den Papst als den obersten Herrn der römischen Kirche glaubten, und sie sicherlich zu einer klaren Antwort gezwungen. Warum sollte also der König Euch nicht zu einer Stellungnahme zwingen dürfen, da er doch nun durch Gesetz zum Oberhaupt der Kirche erhoben worden ist?"

Ich entgegnete ihm: „Ich will das gar nicht bestreiten. Ich möchte nur bemerken, dass man diese zwei Fälle gar nicht miteinander ver-

gleichen kann: Damals wurde sowohl hier wie in der ganzen übrigen Christenheit die Macht des Papstes unbezweifelt anerkannt; diese einmütige Überzeugung kann man wohl kaum mit einer Bestimmung vergleichen, die nur in einem Reich Geltung hat, während alle anderen Länder die Wahrheit in einer anderen Auffassung sehen." Der Herr Sekretär meinte dazu, dass man sowohl für die Leugnung des einen wie des anderen mit dem Kopf büßen könne; deshalb könne man aber auch mit gutem Recht verlangen, dass man sich klar äußere, auf welcher Seite man das Recht sähe.

Ich sagte ihm: „Kein Mensch ist durch das Gesetz eines einzelnen Staates stärker gebunden als durch ein Gesetz, das die ganze Christenheit verpflichtet. Ein Gesetz der großen Gemeinschaft geht einem Lokalgesetz unbedingt vor. Ob man einen Menschen zu einer präzisen Antwort zwingen kann oder nicht, steht in keinerlei Zusammenhang oder Verbindung mit der Verbrennung oder Enthauptung im Falle seiner Ablehnung. Es kommt einzig und allein auf die Einstellung des Gewissens an – dieses allein kann sich frei für die Hölle oder für die Enthauptung entscheiden."

1534

Ignatius von Loyola legt auf dem Montmartre in Paris Gelübde ab und es entsteht in den nächsten Jahren der Orden der Jesuiten. Der Orden verpflichtete sich, dem Papst in besonderer Weise Gehorsam zu leisten und wurde somit zu einem wichtigen Instrument der Kirchenreform nach den Wirren der Glaubensspaltung.

1537

Martin Luther formulierte in den „Schmalkaldischen Artikeln" die Grundsätze seiner neuen Gemeinschaft; schon jetzt hört der Leser eine große Verachtung des Papsttums heraus. 1545 sollte Luther eine Streitschrift „Wider das Papsttum zu Rom, vom Teufel gestiftet" herausgeben – sein „letztes Wort" und die Bestätigung, dass er keineswegs die Kirche hat „reformieren" wollen, sondern er strebte eine „papstfreie" Kirche an – damit aber befindet er sich im vollkommenen Gegensatz zu Schrift und Tradition.

Ebenso konnte und wollte Martin Luther nicht erkennen, dass die Kirche ohne die hl. Messe, die der geweihte Amtsträger feiert, Bestand haben kann. Hl. Messe und Papsttum sind für ihn „Heidentum" oder einfach „Gräuel".

Die „Schmalkaldischen Artikel" zählen bis heute zu den „Bekenntnisschriften" der evangelischen Gemeinschaften.

Daß die Messe im Papsttum muß der großeste und schrecklichste Greuel sein, als die stracks und gewaltiglich wider diesen Häuptartikel strebt und doch uber und fur allen andern bäpstlichen Abgottereien die hohest und schonest gewest ist; denn [sie] es ist gehalten, daß solch Opfer oder Werk der Messe (auch durch einen bosen Buben getan) helfe den Menschen von Sunden, beide hie im Leben und dort im Fegfeur, welchs doch allein soll und muß tun das Lamb Gottes, wie droben gesagt etc. Von diesem Artikel ist auch nicht zu weichen oder nachzulassen; denn der erst Artikel leidet's nicht.

Daß der Papst nicht sei jure divino oder aus Gottes Wort das Häupt der ganzen Christenheit (denn das gehoret einem allein zu, der heißt Jesus Christus), sondern allein Bischof oder Pfarrherr der Kirchen zu Rom und derjenigen, so sich williglich oder durch mensch-

liche Kreatur (das ist weltliche Oberkeit) [in] zu ihm begeben haben, nicht unter ihm als einem Herren, sondern neben ihm als Bruder und Gesellen, Christen zu sein, wie solchs auch die alten Concilia und die Zeit S. Cypriani weisen. Itzt aber tarr kein Bischof den Bapst „Bruder" heißen wie zu der Zeit, sondern muß ihn seinen „allergnädigsten Herrn" heißen, wenn's auch ein Konig oder Kaiser wäre. Das wollen, sollen und konnen [es] wir nicht auf unser Gewissen nehmen. Wer es aber tun will, der tu' es ohn uns.

Hieraus folgt, daß alle dasjenige, so der Bapst aus solcher falscher, freveler, lästerlicher, angemaßter Gewalt getan und furgenommen hat, eitel teuflisch Geschicht und Geschäft gewest und noch sei (ohn was das leiblich Regiment belanget, darin Gott auch wohl durch' einen Tyrannen und Buben läßt [dem] einem Volk viel Guts geschehen) zu Verderbung der ganzen heiligen, christlichen Kirchen (soviel an ihm gelegen) und zu verstoren den ersten Häuptartikel von der Erlosung Jesu Christi.

Daß die Papisten sagen, Menschensatzungen dienen zu Vergebung der Sunden oder verdienen die Seligkeit, das ist unchristlich und verdammt, wie Christus spricht: „Vergeblich dienen sie mir, weil sie lehren solche Lehre, die nichts sind denn Menschengebot." Item ad Titum: „Aversantium veritatem". Item daß sie sagen, es sei Todsund, solche Satzungen brechen, ist auch nicht recht.

Dies sind die Artikel, darauf ich stehen muß und stehen will bis in meinen Tod, ob Gott will, und weiß darinne nichts zu ändern noch nachzugeben. Will aber imand etwas nachgeben, das tue er auf sein Gewissen.

Zuletzt ist noch der Geukelsack des Bapsts dahinden von närrischen und kindischen Artikeln als von Kirchweihe, von Glocken täufen, Altarstein täufen und Gevattern dazu bitten, die dazu gaben etc. Welchs Täufen ein Spott und Hohn der heiligen Taufe ist, daß man's nicht leiden soll.

Darnach von Licht weihen, Palmen, Wurz, Hafern, Fladen weihen etc., welchs [doch] doch nicht kann geweihet heißen noch sein, sondern eitel Spott und Betrug ist.

1543

Der ermländische Domherr Kopernikus stellt sein neues Weltensystem vor: Die Erde kreist um die Sonne. Sowohl der Papst als auch Martin Luther in Wittenberg meinen, diese Lehre stehe nicht in Übereinstimmung mit der Hl. Schrift.

1552

Der hl. Franziskus Xaverius stirbt bei seiner Missionstätigkeit auf der Insel Sancian bei Kanton. Er predigte in großen Teilen Asiens Christus und verzichtete auf eine Karriere als Theologe in Europa, um den Menschen im fernen Asien den Glauben zu bringen.

1545–1563

Das Konzil von Trient tagt in verschiedenen Tagungsperioden. Es befasst sich u. a. mit der Frage nach dem Verhältnis von Hl. Schrift und Tradition; es erlässt ein Dekret über die Erbsündenlehre und die Rechtfertigung. Es nimmt ausführlich Stellung zur Eucharistie, zum Messopfer und zum Weihepriestertum. Auch die Frage der Heiligenverehrung wird geklärt.

1555

In Augsburg einigen sich Katholiken und Protestanten auf den Religionsfrieden „Cuius regio, eius et religio", d. h. der Landesfürst kann die Religion seiner Untertanen bestimmen.

1555

Petrus Canisius, ein Jesuitenpater, entfaltete eine reiche theologische Schriftstellertätigkeit, um die Menschen, die den Häresien Martin Luthers verfallen waren, wieder den katholischen Glauben nahezubringen.

In seinem „Großen Katechismus" geht er auch auf die Fragen nach der Tradition der Kirche ein; die „Reformatoren" verwarfen ja die Überlieferung und setzten auf „sola scriptura", allein auf die Schrift, bei der Erhebung der Glaubenswahrheiten.

Der hl. Petrus Canisius betonte wieder den Wert der Kirche; auf der Gegenseite war die Lehre von der Kirche zu einer vagen „Gemeinde" – Ideologie verblasst.

Was ist von jenen zu halten, die die Traditionen der Kirche verschmähen und für nichts erachten?

Das Wort Gottes widerlegt sie, wenn es bestimmt, dass die Traditionen bewahrt werden müssen, und befiehlt, dass die Kirche zu hören ist und die Gebote der Apostel und Ältesten zu halten sind. Das Wort Gottes unterwirft uns den politischen und kirchlichen Obrigkeiten, den gemäßigten ebenso wie den strengen, und dies wegen des Gewissens; es will, dass ihren Gesetzen höchste Ehrfurcht und höchster Gehorsam geleistet wird. Gehorcht, sagt er, euren Vorstehern und ordnet euch ihnen unter. Tut und befolgt also alles, was sie euch sagen, aber richtet euch nicht nach dem, was sie tun. Daher verachten diese nicht nur Menschen, sondern auch den besten und höchsten Gott, der in den Aposteln und deren Nachfolgern wirklich gehört und verehrt werden muss. So widersetzen sie sich wirklich dem Wort Gottes, wenn sie der Gewalt und der Ordnung Gottes sich widersetzen, und deshalb werden sie, wenn wir Paulus glauben, verurteilt. Denn diese Ordnung ist zweifellos göttlich und kann nicht durch menschliche Autorität abgelöst werden, nämlich dass die Kirche durch bestimmte, teils geschriebene, teils ungeschriebenen Gesetze, welche uns die apostolische Tradition befiehlt, regiert wird. So kann die Lehre erhalten, die Religion geschützt und die Disziplin aufrechterhalten werden.

Wohlan, was ist die Kirche?

Die Kirche ist die Gesamtheit aller, die den Glauben Christi und die Lehre bekennen und die der erste Hirte sowohl dem Apostel Petrus als auch seinen Nachfolgern zu weiden und zu führen übergeben hat.

Welche Würde und Autorität kommt der Kirche zu?

Gott verleiht der Kirche, dem Wertvollsten auf Erden, Glanz durch viele und wirklich außerordentliche Gaben, Verheißungen und Wohltaten. Deshalb schmückt, bewahrt, verteidigt und schützt er sie [die Kirche]; diese hat er ferner zu seinem Haus bestimmt, in dem alle Söhne Gottes gehütet, gelehrt und eingeübt werden. Er wollte, dass sie Säule und Fundament der Wahrheit sei, sodass wir an ihrer Lehre nicht zweifeln und dass sie als Lehrerin, Bewahrerin und Interpretin der Wahrheit den Glauben und unverletzbare Autorität innehat. Außerdem hat er beschlossen, dass sie auf einem festen Felsen gegründet ist, damit wir sicher sind, dass sie fest und unerschütterlich dasteht und von den Pforten der Unterwelt nicht überwältigt werden kann. Schließlich will er, dass sie gleichsam die heiligste Stadt auf dem Berg ist, für alle sichtbar und zugänglich, damit keiner sie verlässt und verderbliche Spelunken und Schlupfwinkel aufsucht, und etwa, von jenen unsinnigen Worten bewegt, Hier ist der Messias! oder: Da ist er! sich von ihr abkehrt und abwendet.

Sie [die Kirche] ist, wie uns die Schrift vorlegt und aufträgt, Christi einzige Freundin, Schwester und Braut, für welche der Sohn Gottes alles getan und getragen hat, um sie zu erlösen, zu reinigen, zu versammeln, zu heiligen und sich mit ihr zu verbinden, nachdem er seinen Leib und sein hochheiliges Blut aus Liebe zu ihr vergossen hat. Für diese hat er gebetet und erlangt, dass ihr niemals Glaube, Einheit und Beständigkeit fehle. Ihr hat er den Heiligen Geist als Lehrer, Schützer und Leiter versprochen, treulich gesandt und hinterlassen. Jener, sagt die Wahrheit selbst, wird euch alles lehren und euch an alles erinnern, was ich euch gesagt habe; – jener wird euch alles lehren und in Ewigkeit wird er alle Wahrheit verkünden, die zu wissen und zu glauben notwendig ist.

1563

Die Kirche war immer durch die Bischöfe geleitet worden; das zeigen die Texte der Kirchenväter sehr gut. Durch die Glaubensspaltung Luthers, Zwinglis und Calvins wurde aber das Bischofsamt geleugnet; es wurde zu einer reinen Verwaltungseinheit zurückgestuft. Und bis heute ist der evangelische „Bischof" nichts weiter als ein getaufter Laie. Der „Bischof" hat im Grunde die Amtsgewalt eines evangelischen Pfarrers; er kümmert sich nicht um das Weihesakrament – das die evangelischen Christen nicht anerkennen.

Das Konzil von Trient stellte gegen die Angriffe auf das Bischofsamt Folgendes klar:

Kan 6: „Wer sagt, in der katholischen Kirche gebe es keine durch göttliche Anordnung eingesetzte Hierarchie, die aus Bischöfen, Priestern und Dienern besteht: der sei mit dem Anathema belegt.

Kan. 7: Wer sagt, die Bischöfe stünden nicht höher als die Priester; oder sie besäßen keine Vollmacht, zu firmen und zu weihen, oder die, die sie besitzen, sei ihnen mit den Priestern gemeinsam; oder von ihnen gespendete Weihen seien ohne Zustimmung oder Berufung des Volkes oder der weltlichen Macht ungültig, oder diejenigen, die weder von der kirchlichen und kanonischen Macht rechtmäßig geweiht noch beauftragt wurden, sondern anderswoher kommen, seien rechtmäßige Diener des Wortes und der Sakramente: der sei mit dem Anathema belegt.

Kan. 8: Wer sagt, Bischöfe, die kraft der Autorität des Römischen Bischofs aufgenommen werden, seien keine rechtmäßigen und wahren Bischöfe, sondern eine menschliche Erfindung: der sei mit dem Anathema belegt."

1563

Der „Heidelberger Katechismus" ist eine Zusammenfassung der Lehre der reformierten Gemeinschaft in 129 Fragen und Antworten. Obwohl das Konzil von Trient noch vor Erscheinen dieses Glaubensbuches der Kalvinisten die Lehre vom Messopfer vorgestellt hatte, griff der Katechismus in Frage 80 die Katholiken scharf an. Die hl. Messe ist für den Katechismus eine „… vermaledeite Abgötterei …"

Der Vorwurf, Christus werde täglich von den „Messpriestern" geopfert, übersieht tragischerweise die Bedeutung der Anamnese der hl. Messe. Nicht die „Messpriester" opfern nach katholischer Lehre Christus wieder neu, sondern die hl. Messe vergegenwärtigt das Geschehen auf dem Kalvarienberg – das konnten die Kalvinisten nicht einsehen, weil sie das Weihepriestertum vollkommen verworfen hatten.

80. Frage

Was ist für ein Unterschied zwischen dem Abendmahl des HERRN und der päpstlichen Mess?

Antwort

Das Abendmahl bezeugt uns, dass wir vollkommene Vergebung aller unserer Sünden haben durch das einige Opfer Jesu Christi, so er selbst einmal am Kreuz vollbracht hat (Hb. 7,27; 9,12. 25–28; 10,10. 12 –14; Joh. 19,30; Mt. 26,28; Lk. 22,19f.), und dass wir durch den Heiligen Geist Christo werden eingeleibt (1. Kor. 6,17; 10,16), der jetzt mit seinem wahren Leib im Himmel zur Rechten des Vaters ist (Hb. 1,3; 8,1f.) und daselbst will angebetet werden (Joh. 4,21–24; 20,17; Lk. 24,52; Apg. 7,55.56; Kol. 3,1; Phil. 3,20 f.; 1. Thess. 1,10). Die Mess aber lehret, dass die Lebendigen und die Toten nicht durch das Leiden Christi Vergebung der Sünden haben, es sei denn, dass Christus noch täglich für sie von den Messpriestern geopfert werde. Und dass Christus leiblich unter der Gestalt Brots und Weins sei und derhalben darin soll angebetet werden. Und ist also die Mess im Grund nichts anders denn eine Verleugnung des einigen Opfers und Leidens Jesu Christi (Hb. 9,6–10; 10,10–31) und eine vermaledeite Abgötterei.

1571

Papst Pius V. lässt die ganze Kirche beten, als das Abendland gegen die türkischen Schiffe bei Lepanto kämpft. Damals wurde das Rosenkranzfest als Dank eingeführt.

Er gab im Anschluss an das Trienter Konzil die liturgischen Bücher heraus.

1582

Papst Gregor XIII. setzt den neuen Kalender in Kraft. Mit den vatikanischen Berechnungen stimmen die Wissenschaftler überein. Viele protestantische Staaten übernehmen die neue Zeitrechnung erst gegen 1700.

1582

Mit dem Erscheinen der „Akten der Kirche von Mailand" tritt die Geschichte der Gegenreformation in eine neue Phase. Der hl. Karl Borromäus führte in seiner Diözese Mailand die Neuerungen des Trienter Konzils durch; viele Missstände konnte er beseitigen.

1591

Der hl. Johannes vom Kreuz war zunächst als Krankenpfleger tätig. Dann trat er in den Karmeliterorden ein und bemühte sich mit der hl. Theresia von Ávila um eine Reform des Ordens. Seine Werke gehören zu den großen Schriften der mystischen Theologie.

Sie gelten auch als klassische Werke der spanischen Literatur.

1597

Der hl. Paul Miki und seine Gefährten werden in Nagasaki wegen ihres Glaubens hingerichtet. Der Glaube überlebt in Japan im Untergrund. Im 19. Jahrhundert konnte wieder öffentlich an Christus geglaubt werden.

1599

Der hl. Robert Bellarmin kommt an das Römische Kolleg; später wird er Kardinal. Er machte sich einen Namen als Kontroverstheologe; er stellte den Glauben der Kirche durch das Medium des Katechismus dar.

So gehört er zu den Theologen, die die Einsichten des Trienter Konzils verbreiteten.

1602

Der hl. Franz von Sales wird Bischof von Genf und muss im nahen Annecy residieren. Von hier aus unternimmt er viele Bekehrungsversuche an den Kalvinisten. Seine zahlreichen Schriften stellen den katholischen Glauben dar, auch immer mit Berücksichtigung seiner Glaubensgegner.

1614

In Rom stirbt der hl. Kamillus von Lellis. Er war zunächst Krankenpfleger, wurde dann Priester und gründete einen krankenpflegenden Orden, die Kamillianer. Ihr Ordensgewand trägt ein rotes Kreuz – dieses Zeichen wurde im 19. Jahrhundert das Emblem des „Roten Kreuzes".

1618–1648

Der Dreißigjährige Krieg ist nicht nur eine Auseinandersetzung zwischen katholischen und evangelischen Mächten, sondern er ist auch von politischen Motiven durchsetzt.

1619

Der hl. Laurentius von Brindisi, ein Kapuziner, stirbt in Lissabon. Er war ein gefragter Prediger und warb unter den katholischen Fürsten für eine organisierte Abwehr der Türken, die Europa bedrohten. Später wurde er zum Kirchenlehrer ernannt.

1622

Kalvinisten erschlagen in der Schweiz den hl. Fidelis von Sigmaringen; er ist ein Märtyrer der katholischen Kirchenreform.

1626

In Rom kann nach vielen Jahrzehnten Arbeit die neue Peterskirche im Vatikan geweiht werden.

Der Vorgängerbau, die Alte Petersbasilika, war im 4. Jahrhundert errichtet worden. Der Apostel Petrus wurde im Bereich der Vatikanischen Gärten und des alten Zirkus bestattet. Das Apostelgrab befindet sich heute unter dem Papstaltar.

1631

In der Nähe Verdens wird Johannes Arnoldi, ein Jesuitenpater, der die Leute wieder zur katholischen Kirche führen wollte, ermordet. Die evangelischen Bauern verspotteten den Geistlichen:

*"Nun sing', wenn du kannst,
dein letztes Dominus vobiscum."*

Die religiösen Parteien waren nicht mehr versöhnungsbereit. Es entstehen die „Konfessionen".

Deutlich werden die Unterschiede an folgendem Gedicht:

Ich sage gäntzlich ab	*der Römisch Lehr und Leben*
Luthero bis ins grab	*will ich sein gantz ergeben*
Ich hasse und verspott	*die Mess und ohren Beicht*
Luthero sein gebot	*ist mir gar Süs und Leicht*
Ich hass je mehr und mehr	*all die das Papsttum lieben*
Die Lutherische Lehr	*hab ich ins Herz geschrieben*
Hinweg aus meinem Land	*all Römisch Priesterschaft*
Was Lutherisch ist verwand	*schütz ich mit aller Kraft*
Wer Lutherisch lebt und stirbt	*der muss den Himmel erben*
In Ewigkeit verdirbt	*der Römisch kommt zu sterben.*

(Man kann das Gedicht von oben nach unten und von rechts nach links lesen!)

Der Wandel zeigt sich auch, wenn man das Lied „Gott sei gelobet" vor und nach der Glaubensspaltung textlich vergleicht:

*Gott sei gelobet und gebenedeiet,
der uns selber hat gespeiset
mit seinem Fleische und mit seinem Blute;
das gib uns, Herr Gott, zugute,
das heilige Sakrament an unserem Ende
aus des geweihten Priesters Händen.
Kyrieleis*

Hier ist die Rede von dem Weihepriestertum; Martin Luther kommt in seiner Fassung ohne aus (vgl. Evanglisches Gesangbuch 214).

1633

Der „Fall Galilei": Galilei hatte die Lehre des Kopernikus übernommen und er konnte aber als Naturwissenschaftler diese These nicht beweisen.

Die Tragödie nahm nun ihren Lauf: Die Theologen lasen etwas in die Bibel hinein, was nicht in ihr zu finden ist: eine Aussage über die Frage, ob sich die Erde um die Sonne dreht – und der Naturwissenschaftler wusste, dass er mit seinen Mitteln (noch) keinen schlüssigen Beweis antreten konnte.

So kam es zu der Verurteilung; Galilei bekam Hausarrest; von Gefängnis kann keine Rede sein.

1633

Der hl. Vinzenz von Paul gründet in Frankreich die Barmherzigen Schwestern, einen krankenpflegenden Orden. Er wurde immer mehr zu einem Erneuerer des kirchlichen Lebens im Frankreich dieser Zeit.

1647

Die Marienwallfahrt nach Kevelaer/Niederrhein beginnt auch unter dem Einfluss der Rekatholisierung des Landes. Vor allem die barocke Ausstattung der dortigen Kerzenkapelle ist als Gegenstück zu den, durch den Bildersturm entleerten Betsälen der Kalvinisten zu sehen.

1649

Erst nach dem Tod des Jesuitenpaters Friedrich von Spee erschien die „Trutz–Nachtigall", ein geistlicher Liederzyklus. Spee, der u. a. in der Umgebung von Peine die Menschen wieder katholisch machen sollte, wurde 1629 dort lebensgefährlich verwundet, durch Angriffe evangelischer Bewohner.

In seinem Lied „Fronleichnam" stellt er in einfacher und deutlicher Sprache die katholische Eucharistielehre vor.

> 9.
> *Substantz, vnd Wesen Brots, vnd Weins*
> *Zum Leib sich vberleiben:*
> *Doch Brot, vnd Wein von aussen scheints,*
> *Die Zufäll ie noch bleiben.*
> *Geruch, Geschmack, Farb, vnd Gestalt*
> *Sich frisch noch lassen finden,*
> *Als wie vom wesen abgespalt*
> *Nur blossen Schaal, vnd Rinden.*
>
> 10.
> *Gestalten beyde nackt, vnd bloos*
> *Wie Wein, vnd Brot geründet,*
> *Seind Wein- vnd Brot- vnd Boden-loos,*
> *Vnd stehn ohn Grund gegründet.*
> *Ja drunder noch versteckt, vermummt*
> *Gott selb sich helt verschoben:*
> *Für wunder Erd, vnd Meer erstummt,*
> *Vnd Lufft, vnd Himmel droben.*

11.

Was vor es war, ist nu nitt hie,
Die Ding seind vnderscheiden.
Wie vor dochs war, so bleibets ie,
Der Schein ist gleich an beyden.
So schmeckt man da, was nitt mehr da,
Was lang verzehrt vom Segen:
Nitt schmeckt man da, was warlich da
Von Fleisch, vnd Blut zugegen.

12.

Den Leib man leiblich niessen thut,
Nur nicht in Leibs Gestalten:
Vnblütig nimpt man wahres Blut,
Kein Sinn für Blut kans halten.
Es alles ist verduncklet gar;
Vnd wie die Kirch vns rühmet,
Mitt frembder Form, vnd Schein fürwar
Gantz obenhin verblümet.

13.

Wer nun in Brots gestalt verdeckt,
GottMensch, wer da verborgen,
Er auch in Weinsgestalten steckt,
Leg ab die wanckelsorgen:
Du mehr nitt auch in Beyden gleich,
Als nur in Eim kanst niessen;
Die Stücklein auch seind eben reich,
Vnd eben weit erspriessen.

15.
Der Lebend Leichnam, vnzertrennt,
Zugleich im Himmel droben,
Zugleich ist aller Ortt, vnd End,
Wo ienes Brot erhoben.
Jn vilmahl tausend kirchen dan,
Auff mehr, vnd mehr Altären,
An so vil Ort, vnd Stellen man
Von Christi Leib mag zehren.

16.
Zu gleicher Zeit, zu gleicher frist,
Jn tausend vil Oblaten,
Auff Einmahl, Einer, Vilmahl ist;
O wol der Wunderthaten!
Der Glaub allein es freylig sicht,
Der Sinn gibt gar verlohren;
Noch Hend, noch Augen greiffens nicht,
Verstand mags nie durchbohren.

17.
Vnd zwar, wers niesset vnbereit,
Jch sags mitt wahren worten,
Vom Frech- vnd Hochmut wird verleit
Zum Tod, vnd schwartzen Pforten.
Hingegen wer sich prüffet vor,
Vnd dan der Speiß geniesset,
Man ihm die schöne thur, vnd thor
Zum Leben weit erschliesset.

18.
Ey da dan, last vns diß Gericht
Jn Demut hoch verehren,
Vnd nider Halß, vnd Angesicht
Zur Erden tieff beschweren:
Vns last das Heylthumb, vnd Monstrantz,
(Weil Ketzer es verhönen)
Mitt manchem schönen BlumenCrantz,
Nach alter andacht krönen.

1675

In der Fronleichnamsoktav erscheint in Paray-le-Monial der hl. Margareta Maria Alacoque Jesus und trägt ihr auf, für die Einführung des Herz-Jesu-Festes zu sorgen.

Die Herz-Jesu-Verehrung stellt das Gegenstück zu vielen aufklärerischen Theologen dar, die einseitig das Beweisbare und die Vernunft in den Mittelpunkt der Glaubensverkündigung stellten.

1680

Lange vor der Dogmatisierung der Unbefleckten Empfängnis Mariens wurde diese von Gott geoffenbarte Glaubenswahrheit von der Kirche geglaubt und verehrt.

Der Franziskaner Antonius Schirley († 1694) hatte 1680 eine Audition; die Stimme bat ihn, ein Bildnis der Unbefleckten Empfängnis nach Neviges zu bringen und dort – mitten im evangelischen Bereich – zu verehren. Es entstand bald der älteste Wallfahrtsort nördlich der Alpen zur Immaculata.

1932 entwickelten die Franziskaner von Neviges die „Hardenberger Sturmandacht" – mit erhobenen Händen betet man mehrmals das „Sub tuum praesidium", man bestürmt gleichsam den Himmel.

Folgendes Gebet findet sich auf der Rückseite des Gnadenbildes von Neviges (Erzbistum Köln):

Heilige Maria, Mutter Gottes, Königin des Himmels und Pforte des Paradieses, Herrscherin der Welt und Allerreinste der Jungfrauen, sei uns gegrüsst! Du bist ohne Erbschuld empfangen und jeglicher Sünde bar. Ohne Sündenmakel hast du empfangen Jesus, den Heiland der Welt. Du bist die unbefleckte Jungfrau vor, in und nach der Geburt. Lass mich durch deine mächtige Fürsprache gottselig, rein und heilig leben und bitte für uns alle bei Jesus, deinem geliebten Sohn. Nach meinem Tode nimm mich gnädig auf. Halte fern von mir alle Übel des Leibes und der Seele. Lass mich anderen helfen, die Werke der Barmherzigkeit vollbringen, und verleihe, dass ich in der Paradieses-Herrlichkeit mich ewig mit dir freuen möge.

1683

Die Türken werden vor Wien vernichtend geschlagen. Die Kirche nimmt diesen Tag auf als Fest „Mariä Namen" (12. September).

1717

In London schließen sich die Freimaurer zusammen; sie bekennen sich zum Gottesbild des Deismus, d. h. sie erkennen zwar ein „höchstes Wesen" an, aber dieser „Gott" hat sich nicht in seinem Sohn Jesus Christus geoffenbart.

1719

Anonym erschien ein „Traktat über die drei Betrüger" – gemeint waren Moses, Jesus und Mohammed. War bislang die Aufklärung noch eine Religionskritik, so begann jetzt eine neue Phase in der Ablehnung der Religion – gekennzeichnet durch einen strikten Materialismus und Atheismus.

Der „Traktat" gilt bis heute als d a s Lesebuch aller Atheisten. Der hier vorgestellte Text über die Geburt Jesu aus Maria der Jungfrau nimmt schon vieles an Kritik der späteren „religionsgeschichtlichen" Schulen vorweg.

> *Jesus Christus war mit den Lehren und der Wissenschaft der Ägypter vertraut und sorgte für die Verbreitung der soeben erwähnten Meinung, denn er glaubte, dass sie für sein Vorhaben von Nutzen war. Er achtete darauf, wie Moses es verstanden hatte, berühmt zu werden, obwohl er bloß über ein Volk von Unwissenden herrschte, baute auf diesem Fundament auf und verschaffte sich die Gefolgschaft einiger Einfältiger, denen er einredete, der Heilige Geist sei sein Vater und eine Jungfrau seine Mutter. Diese guten Leute, die daran gewöhnt waren, sich mit Träumen und Hirngespinsten abfinden zu lassen, machten sich diese Vorstellungen zu eigen und glaubten alles, was er wollte, und dies umso mehr, weil eine derartige Geburt tatsächlich nichts übermäßig Wunderbares für sie war. Von einer Jungfrau unter Mitwirkung des Heiligen Geistes geboren zu sein, ist nämlich nicht*

außergewöhnlicher und auch nicht wunderbarer als das, was die Tartaren von ihrem Dschingis Chan berichten, der auch eine Jungfrau zur Mutter hatte; die Chinesen sagen, der Gott Foe verdanke seine Geburt einer Jungfrau, die durch Sonnenstrahlen geschwängert worden war.

Dieses Wunder ereignete sich in einer Zeit, als die Juden ihres Gottes wie einst ihrer Richter überdrüssig geworden waren und wie die anderen Völker einen sichtbaren Gott haben wollten. Weil es unendlich viele Dumme gibt, fand er allenthalben Menschen, die sich unterwarfen; aber da seine große Armut ein unüberwindliches Hindernis für seinen Aufstieg war, wurde er von den Pharisäern, die ihn einerseits bewunderten, ihn andererseits aber auch um seine Kühnheit beneideten, je nach der wankelmütigen Stimmung des Volkes herabgesetzt oder erhöht. Das Gerücht von seiner Göttlichkeit machte zwar die Runde, aber da er nun einmal machtlos war, konnte sein Vorhaben nicht gelingen. Mochten ihm Krankenheilungen und Wiedererweckungen angeblich Verstorbener auch Auftrieb geben, so verfügte er doch weder über Geld noch über eine Armee und musste also scheitern. Hätten ihm diese beiden Mittel zu Gebote gestanden, wäre er nicht weniger erfolgreich als Moses und Mohammed oder auch alle diejenigen gewesen, deren Ehrgeiz es war, sich über die übrigen Menschen zu erheben. Wenn er auch weniger Glück hatte, so war er doch nicht weniger gerissen. Der größte Fehler seiner Politik war es, wie aus einigen Episoden seiner Lebensgeschichte hervorgeht, dass er nicht genug auf seine Sicherheit bedacht war. Im Übrigen sehe ich nicht, dass er sich ungeschickter angestellt hätte als die beiden anderen; sein Gesetz ist jedenfalls die Glaubensregel jener Völker geworden, die sich für die weisesten auf der Welt halten.

Dass ein junger Täuberich geschwinde / eine Jungfrau unter seine Fittiche nimmt, / daran ist nichts Erstaunliches. / Derlei gibt es ebenso gut in Lydien zu sehen: / Mit dem schönen Schwan der Leda hat es dieselbe Bewandtnis wie mit dem Täuberich der Maria.

1751

Als der hl. Klemens Maria Hofbauer geboren wird, liegt Österreich noch ganz in den Händen des kirchenfeindlichen Josefinismus; Staatskirchentum und Aufklärung schränkten die Kirche sehr ein. Er gründet später einen Seelsorgerkreis und geht neue Wege in der Wiener Großstadtseelsorge.

1765

Mitten in der Zeit der „Aufklärung", die in der Religion nur noch einen moralischen Wert erkennen wollte, entwickelt sich die Verehrung des heiligsten Herzens des Gottmenschen Jesus. Bis heute betet die Kirche am Herz-Jesu-Hochfest Hymnen, die damals Philipp Bruni († 1771) gedichtet hat.

Da das deutsche Stundenbuch – im Gegensatz zum lateinischen Brevier – diese Hymnen wenig schätzt, bringen wir den Text in der Originalsprache und in einer deutschen Übersetzung J. F. H. Schlossers. Die Kirche hat – wie sich deutlich zeigt – durch ihr Gebet auch die Zeit der Aufklärung überstanden – damals sollte die Kirche ausgelöscht werden, wie sich später an der Französischen Revolution zeigte.

1.
O Gnadenquell der Seligkeit,   Auctor beate saeculi,
Der schuf die Welt und sie erneut,   Christe, Redemptor omnium,

Herr, deiner Gläub'gen Zuversicht,	Lumen Patris de lumine,
Du, Gott aus Gott und Licht aus Licht:	Deusque verus de Deo:

Du, von der Liebe Kraft gedrängt,	Amor coegit te tuus
Wardst Mensch und hast	
uns neu geschenkt,	Mortale corpus sumere,
O neuer Adam, reich Huld	Ut novus Adam redderes,
Was uns geraubt des alten Schuld –	Quod vetus ille abstulerat –

Der Liebe, welche Land und Meer	Ille amor, almus artifex
Geformt hat und der Sterne Heer,	Terrae marisque et siderum,
Die, was der Väter Schuld verbrach,	Errata patrum miserans
Gesühnt und unsre Bande brach!	Et nostra rumpens vincula.

Nie weiche dieser Liebe Glut	Non Corde discedat tuo
Aus deinem Herzen fromm und gut:	Vis illa amoris inclyti;
Aus diesem Brunnquell schöpf' allzeit	Hoc fonte gentes hauriant
Vergebung, wer die Schuld bereut!	Remissionis gratiam!

Durchbohrt hat es der scharfe Speer,	Percussum ad hoc est lancea,
Und Wunden trug's und Qualen schwer,	Passumque ad hoc est vulnera,
Zu waschen uns in reinster Flut,	Ut nos lavaret sordibus
Als Wasser ihm entströmt und Blut.	Unda fluente et sanguine.

Dem Vater auf dem Himmelsthron	Decus Parenti et Filio,
Und mit dem Geist dem ew'gen Sohn,	Sanctoque sit Spiritui,
Dir, Gott der Macht und Herrlichkeit,	Quibus potestas, gloria

Lob, Ehr und Preis in Ewigkeit! Amen.	Regnumque in omne est saeculum! Amen.

2.
Herz, Schrein, der das Gesetz umfasst,	Cor, arca legem continens,
Das nicht der alten Knechtschaft Last.	Non servitutis veteris,
Das Gnade beut und Mildigkeit.	Sed gratiae, sed veniae,
Und himmlische Barmherzigkeit,	Sed et misericordiae.

Herz, unentweihtes Heiligtum	Cor, sanctuarium novi
Des Neuen Bunds, vor dessen Ruhm,	Intemeratum foederis,
O Tempel, weicht des alten Pracht,	Templum vetusto sanctius,
Vorhang, des Riss uns selig macht:	Velumque scisso utilius:

Dich, Herz, von brünst'ger Liebe wund,	Te vulneratum caritas
Macht durch den Speer die Liebe kund,	Ictu patenti voluit,
Dass, die kein Auge je mag schaun,	Amoris invisibilis
Der ew'gen Liebe wir vertraun.	Ut veneremur vulnera.

Du bist des reinsten Opfers Bild,	Hoc sub amoris symbolo
Das blutig und im Schlei'r verhüllt,	Passus cruenta et mystica,
Bracht an der Liebe Hochaltar	Utrumque sacrificium
Der Herr als Hohepriester dar.	Christus sacerdos obtulit.

Wer möchte Lieb' um Lieb' nicht weihn	Quis non amantem redamet?
Ihm, der für uns litt Tod und Pein?	Quis non redemptus diligat
Wer möcht', o heil'ges Herz, nicht dich	Et Corde in isto seligat
Zur Wohnstatt wählen ewiglich?	Aeterna tabernacula?

1766

Friedrich der Große entwickelte eine schriftstellerische Tätigkeit, die ihm auch den Titel „Der Philosoph von Sanssouci" einbrachte. Dabei lehnte er sich eng an die Aufklärung an.

Claude Fleury († 1723) veröffentlichte eine mehrbändige Kirchengeschichte. Der „Alte Fritz" verfasste anlässlich der deutschen Übersetzung ein Vorwort, das ihn als Kirchenverächter und Aufklärer ausweist.

Im Grunde sind die Vorwürfe, die sich bei ihm finden, der Orgelpunkt aller „aufklärerischen" Kirchenkritik zu allen Zeiten.

Im Mittelpunkt der „natürlichen" Religion stand das Bekenntnis, dass es keine übernatürliche Offenbarung geben könne; Gott wurde auf den „alten Schöpfer" reduziert; der Sohn Gottes wurde als „Erfindung" von Menschen gesehen; der Hl. Geist wurde ganz ausgeblendet.

Von hier aus ist auch zu verstehen, wie Friedrich die Kirchengeschichte abhandelt – er fühlte sich übrigens als „evangelischer Papst" und führte ansonsten ein hartes, oft auch ungerechtes Regiment. Todesstrafen, auch aus machtpolitischer Willkür, waren bei ihm nicht auszuschließen.

> *Das Christentum hat wie alle Mächte der Welt einen bescheidenen Anfang gehabt. Der Held dieser Sekte ist ein Jude aus der Hefe des Volkes, von zweifelhafter Herkunft, der in die Abgeschmacktheiten der alten hebräischen Weissagungen gute Morallehren flicht, dem man Wunder zuschreibt und der am Ende zu schimpflichem Tode verurteilt wird. Zwölf Schwärmer verbreiten seine Lehre vom Morgenland bis nach Italien, gewinnen die Geister durch die reine und heilige Moral, die sie predigen, und lehren – einige Wunder abgerechnet, die Menschen mit glühender Einbildungskraft aufregen konnten – nichts als Deismus.*

Als Stifter neuer Dogmen mussten die Bischöfe sich notwendig ihrer Macht und ihres Einflusses bewusst werden. Es liegt in der Menschennatur, die Vorteile, die man hat, auszunutzen. Auch die Geistlichen waren Menschen und handelten demgemäß. Immerhin gingen sie mit einem gewissen Geschick zu Werke. Irgendein Waghalsiger, den sie vorschoben, musste eine neue Meinung äußern, die für sie vorteilhaft war und die sie annehmen wollten. Dann beriefen sie ein Konzil, und da wurde die Meinung als Glaubensartikel festgesetzt. So fand irgendein Mönch in einer Stelle der Makkabäer die Lehre vom Fegefeuer. Die Kirche nahm sie an, und das neue Dogma brachte ihr mehr Schätze ein, als Spanien durch die Entdeckung von Amerika gewonnen hat. Ähnlichen Machenschaften ist auch die Verfertigung der falschen Dekretalien zuzuschreiben, die den Päpsten zum Schemel ihres Thrones gedient haben, von dem herab sie fortan den bestürzten Völkern Gesetze diktierten.

Wer sähe nicht, wenn er die Geschichte der Kirche durchläuft, dass alles nur Menschenwerk ist? Welch erbärmliche Rolle lässt man Gott spielen! Er schickt seinen einzigen Sohn in die Welt. Dieser Sohn ist Gott. Er opfert sich selbst, um sich mit seinen Geschöpfen zu versöhnen. Er wird Mensch, um das verderbte Menschengeschlecht zu bessern. Was entspringt aus diesem großen Opfer? Die Welt bleibt so verderbt, wie sie vor seiner Ankunft war. Der Gott, der da sprach: „Es werde Licht!" – und es ward Licht –, sollte so unzureichende Mittel benutzen, um zu seinen anbetungswürdigen Zwecken zu gelangen? Ein einziger Willensakt von ihm genügt, um das geistige und leibliche Böse aus der Welt zu verbannen, den Völkern welchen Glauben er will einzuflößen und sie auf den Wegen, die seiner Allmacht offen stehen, glücklich zu machen. Nur beschränkte und enge Geister wa-

gen Gott ein Betragen zuzuschreiben, das seiner anbetungswürdigen Vorsehung so unwürdig ist, und lassen ihn durch eines der größten Wunder ein Werk unternehmen, das ihm doch nicht gelingt.

Und eben die Menschen, die vom höchsten Wesen so unzureichende Begriffe haben, setzen auf jedem Konzil neue Glaubensartikel fest!

Mit einem Worte, die Kirchengeschichte offenbart sich uns als ein Werk der Staatskunst, des Ehrgeizes und des Eigennutzes der Priester. Statt etwas Göttliches darin zu finden, trifft man nur auf lästerlichen Missbrauch mit dem höchsten Wesen. Ehrwürdige Betrüger benutzen Gott als Schleier zur Verhüllung ihrer verbrecherischen Leidenschaften. Wir unterlassen es klüglich, diesem Bilde noch etwas hinzuzufügen. Für jeden denkenden Leser ist genug gesagt. Automaten wollen wir nichts vorbuchstabieren.

1789

Beginn der Französischen Revolution; in ihrem Verlauf werden zahlreiche Priester und Ordensleute hingerichtet. 1790 kam es zur Zivilkonstitution des Klerus, d. h. die kirchliche Ordnung in Frankreich wurde völlig zerschlagen. Später wurden die christlichen Feiertage abgeschafft und der „Kult der Vernunft" proklamiert.

1803

In Deutschland werden die Kirchengüter säkularisiert, d. h. vom Staat enteignet. Zahlreiche Klöster gehen unter; die kirchlichen Hochschulen mit ihren wertvollen Bibliotheken werden teilweise billig verkauft und es entsteht ein unendlicher Verlust kirchlich-europäischer Kultur.

1815

In Grenoble wird Johannes Maria Vianney zum Priester geweiht; er soll als der hl. Pfarrer von Ars (bei Lyon) in die Kirchengeschichte eingehen.

Frankreich war durch die Aufklärung und die Revolution von 1789 zu einem Land der Antiklerikalen geworden. Nicht zuletzt hatten eine Reihe von „aufklärerischen" Romanen die Stimmung gegen die Kirche und deren Lehren umkippen lassen. Wenn Johannes Maria Vianney zum großen Beichtvater geworden ist, so antwortete damit die Kirche, die immer wieder Kräfte zur Reform freisetzen kann, z. B. auf ein solches Machwerk wie „Thérèse philosophe" des Marquis d'Argens von 1741. Dort waren den Beichtvätern Verletzungen des 6. Gebots vorgeworfen worden – also sexueller Missbrauch der beichtenden Frauen durch die Beichtväter.

Die Texte aus der Feder des hl. Pfarrers von Ars zeigen, dass er um die Bürde des Priesters gerade auch in dieser Zeit und auf diesem Hintergrund wusste.

> *„Es gibt auf der Welt nichts Unglücklicheres als einen Seelsorger! Womit bringt er die Zeit zu? Damit, anzusehen, wie Gott beleidigt wird; wie stets sein heiliger Name missbraucht wird, wie seine Gebote übertreten werden; wie seine Liebe missachtet wird! Der Priester sieht nur das, er hört nur das ... Ach, wenn ich gewusst hätte, was ein Seelsorger ist, dann wäre ich, statt ins Seminar einzutreten, eiligst zu den Trappisten gegangen."*

> *„Wie viele Pfarrer sind denn heiliggesprochen worden? Fast keiner; vielleicht kein einziger! Der eine Heilige war Mönch gewesen, ein anderer Missionar, andere waren Laien, viele waren Bischöfe, und doch gibt es seit vielen Jahrhunderten weit weniger Bischöfe als*

Pfarrer! Weder Vinzenz von Paul noch Franz Regis wollten bis an ihr Ende Pfarrer bleiben. Was für eine schwere Aufgabe hat auch ein solcher! Die Betrachtung, das Gebet und die innige Vereinigung mit Gott tun dem Priester not! Nun aber lebt der Pfarrer in der Welt; er redet, er treibt Politik, er liest die Zeitungen und füllt mit dem Gelesenen sein Gedächtnis. Er betet sein Brevier, liest die heilige Messe, und er tut das wie etwas Alltägliches. Und dann die Spendung der Sakramente! Ach, wie erschreckend ist es doch, Pfarrer zu sein!"

"Was Priester sein bedeutet, wird man erst im Himmel recht erfassen ... Würde man es schon auf Erden verstehen, man würde sterben, nicht vor Entsetzen, sondern vor Liebe."

1818

In Parzham wird der hl. Konrad geboren. Er kümmerte sich in Altötting als Pförtner seines Kapuzinerklosters um die Wallfahrer.

1824

In Dülmen bei Münster stirbt die selige Nonne Anna Katharina Emmerick. Ihr Körper zeigte die Wundmale Christi. In ihren vielen Visionen vertiefte sie sich in die biblischen Heilswahrheiten. In ihrem Buch „Das bittere Leiden unseres Herrn Jesu Christi", das wie viele andere ihrer Werke von Clemens von Brentano herausgegeben wurde, schildert sie das Schicksal der Kirche, wie es Jesus im Garten Getsemani am Ölberg gesehen haben könnte.

Vor die Seele des Herrn traten alle künftigen Leiden seiner Apostel, Jünger und Freunde, die kleine Zahl der ersten Kirche, dann die mit ihrem Wachsen eintretenden Ketzereien und Abtrennungen mit der ganzen Wiederholung des Sündenfalls durch Hoffart und Ungehorsam in allen Formen der Eitelkeit und täuschenden Selbstrechtfertigung. Es erschien ihm die Lauheit, Verkehrtheit und Bosheit unzählbarer Christen, die mannigfaltige Lüge und trügerische Spitzfindigkeit aller hoffärtigen Lehrer, die gottesschänderischen Verbrechen aller lasterhaften Priester und die schrecklichen Folgen von allem diesem, die Greuel der Verwüstung im Reiche Gottes auf Erden, im Heiligtum der undankbaren Menschheit, welches er mit seinem Blute und Leben unter unaussprechlichen Leiden zu erkaufen und zu gründen im Begriff stand.

Er sah sie heimatlos umherschweifen, und sie wollten seine Stadt, hoch auf dem Berge liegend, die nicht verborgen bleiben konnte, nicht sehen. Er sah sie auf den Sandwogen der Wüste von wechselnden Winden hin und wieder getrieben und ohne Einheit, aber sie wollten das Haus seiner Braut, seine Kirche, auf den Fels gebaut, bei der er zu sein versprochen bis ans Ende der Tage und welche die Pforten der Hölle nicht überwältigen sollen, nicht sehen. Sie wollten nicht eingehen durch die enge Pforte, um den Nacken nicht zu beugen. Er sah sie jenen folgen, die anderswo und nicht zur Thüre eingegangen waren; sie bauten wandelbare, verschiedenartige Hütten auf den Sand, ohne Altar und Opfer, und hatten Windfahnen auf den Dächern; nach diesen drehte sich ihre Lehre. Aber sie widersprachen einander und verstanden sich nicht und hatten keine bleibende Stätte. Er sah, wie sie oft ihre Hütten abbrachen und die Trümmer gegen den Eckstein der Kirche schleuderten, der unverrückt lag. Viele aus ihnen sah er, da Finsternis herrschte in ihren Hütten, nicht zu dem Lichte gehen, das auf den Leuchter gestellt war im Hause der Braut, sondern sie schweiften draußen mit geschlossenen Augen um den beschlossenen Garten der Kirche, von dessen Wohlgerüchen allein sie noch lebten; sie streckten die Arme nach Nebelbildern und folgten Irrsternen, die sie zu Brunnen ohne Wasser führten, und hörten am Rande der Gruben nicht auf die Stimme der rufenden Braut, und lächelten hungernd mit stolzem Mitleid der Diener und Boten, welche sie zum hochzeitlichen Mahle einluden. Sie wollten nicht eingehen in den Garten, denn sie scheuten die Dornen des Zaunes, und der Herr sah sie von sich selbst berauscht verhungern ohne Weizen und verdursten ohne Wein, und erblindet vom Eigenlichte nannten sie die Kirche des Fleisch gewordenen Wortes unsichtbar. Jesus aber sah sie alle und trauerte und wollte leiden für alle, die ihn nicht sehen, ihm ihr Kreuz nicht nachtragen wollten in seiner Braut, der er sich selbst im heiligsten Sakramente gegeben, in seiner Stadt, auf dem Berge erbaut, die nicht verborgen bleiben kann, in seiner Kirche, auf den Fels gegründet, welche die Pforten der Hölle nicht überwältigen sollen.

1832

Als Johann Michael Sailer 1832 als Bischof von Regensburg verstarb, wurde einer der wichtigen Theologen Deutschlands im 19. Jahrhundert zu Grabe getragen.

Er hatte lange Zeit in der Priesterausbildung gewirkt, hatte viele Anfeindungen zu bestehen – einmal galt er als „Aufklärer", dann wurde er „Römling" gescholten … Er entwickelte eine große Liebe zur Kirche, die ja von den Aufklärern nur mehr als menschliche Gemeinschaft gesehen wurde und nicht mehr als der fortlebende Leib Christi. Sailer ging es in seinen Schriften um eine Versöhnung von Mensch und Gott, von Wissenschaft und Glaube.

Wenn der Priester nicht nur in dem Gerichtshof der öffentlichen Gerechtigkeit, sondern auch in dem der Kirche, seines eigenen Gewissens und der Ewigkeit, ohne Tadel, untadelig sein soll, so wird sich in ihm vereinigen müssen, was in den wenigsten Menschen zusammentrifft:

- *1. Glaube und Wissenschaft,*
- *2. Wissenschaft und Gottseligkeit,*
- *3. Gottseligkeit und Tätigkeit zum Heil der Welt,*
- *4. Tätigkeit und Zurückgezogenheit,*
- *5. Zurückgezogenheit und Geselligkeit.*

Die eine Grund-Wahrheit des ganzen Christentums löst sich in folgende Hauptlehren auf:
– Der Mensch, nach Gottes Bild geschaffen, löste sich durch die Sünde von Gott, ward finster, elend, sterblich.
– Der Mensch kann durch Christus wieder eins mit Gott werden, lichthell, heilig, selig, unsterblich.
– Dieses Einswerden setzt aber vollständige Umwandlung des Menschen voraus.
– Diese Umwandlung kann nicht ohne Gottes Geist bewirkt werden.
– Die Umwandlung des sinnlichen Menschen in einen geistigen zu verkünden, anzubahnen, zu beschleunigen, an den Tag zu fördern, ist das Werk der Kirche Christi.

Wo nun diese Hauptlehren als die eine Seele den Körper der Liturgie beseelen und als der eine Geist den Liturgen begeistern: Da ist wahre christliche Liturgie.

Lass, lieber Kranker, einen Diener Christi kommen, der dir dein Sterbekissen zurechtrichte.

Lass den kommen, dem du noch am meisten Christi Sinn und Liebe zutrauen kannst.

Lass ihn früh genug kommen, ehe des Todes Vorboten anrücken.

Lass ihn jetzt kommen, denn gerüstet zum ernsten Schritt in die Ewigkeit kannst du nicht zu früh sein, da jeder Augenblick der letzte sein kann.

1837

„Kölner Ereignis". Die Preußen nehmen den Kölner Erzbischof Droste-Vischering fest und setzen ihn in Haft wegen des Mischehenstreites.

Joseph Görres schrieb daraufhin seinen Bestseller „Athanasius", der den Katholiken in Preußen neues Selbstbewusstsein schenkte.

1840

Franziska Schervier aus Aachen schließt sich einem Frauenverein an, der in der Caritas tätig ist. Später gründet sie die „Armen Schwestern vom hl. Franziskus" und kann Klöster bauen. Sie gehört zu den seligen Ordensgründerinnen des 19. Jahrhunderts; im Jahrhundert nach der Aufklärung entstanden sehr viele Orden, die sich die Nächstenliebe zum Ziel gesetzt haben.

1868 schrieb die sel. Schwester an ihren Orden:

Der Herr sagte in seiner Abschiedsrede zu seinen Jüngern, dass alle daran erkennen würden, dass sie seine Jünger seien, wenn sie sich einander liebten; ferner, dass das Zeichen ihrer Liebe zu ihm in der treuen Haltung seiner Gebote bestände. Unser Herr fügt dann noch bei: „Ihr seid meine Freunde, wenn ihr tut, was ich euch gebiete" (Joh 15,14). „Das gebiete ich euch, dass ihr euch einander liebet"

(Joh 15,17). Beherzigen wir denn in gegenwärtiger Lage ganz besonders diese Lehre unseres göttlichen Herrn, wenden wir sie auf uns an und bestreben wir uns, dieselbe praktisch auszuüben. Wenn wir das treu und eifrig tun, dann werden wir die Wahrheit des Ausspruchs unseres hl. Vaters Franziskus erfahren, der da sagt, dass die Liebe alles Schwere leicht und alles Bittere süß mache. Wir werden auch Anteil haben am Segen, den der hl. Franziskus mit Bezugnahme auf seine zukünftigen wie gegenwärtigen Kinder aussprach, nachdem er letztere ermahnt, sich allezeit einander zu lieben, wie er sie allezeit geliebt habe und liebe.

Da wir nun den Willen unseres göttlichen Herrn kennen, der sich in der Mahnung des hl. Vaters Franziskus so treu wiederholt, so erübrigt nur noch, dass wir denselben erfüllen, und wir dürfen alsdann zuversichtlich erwarten, mit ewigem Segen gesegnet zu werden von unserem Herrn Jesus Christus und unserem seraphischen Vater Franziskus.

1841

In Italien wird der hl. Johannes Don Bosco zum Priester geweiht. Er gehört zu den großen Kinder- und Jugendseelsorgern der Kirchengeschichte.

1845

Adolf Kolping wird in Köln zum Priester geweiht. Er verschreibt sich ganz der Hilfe für die „Gesellen" und später entstehen die „Gesellenvereine", die den Handwerkern und Arbeitern auf deren Wanderungen Heimat geben wollten.

Kolping machte sich auch einen Namen als Schriftsteller; er trat mit seinen Gesellen auch gegen die protestantischen Preußen auf, als diese nach dem Dogma von 1854 in Köln die Errichtung einer Mariensäule verhindern wollten.

1845

Der anglikanische Theologe sel. John Henry Newman fand 1845 den Weg in die eine und einzige Kirche, die unter der Leitung des hl. Petrus steht. In vielen Schriften hatte er sich mit den Lehren der nichtkatholischen Gemeinschaften auseinandergesetzt. Man merkt beim Lesen seiner Werke, dass hier jemand Theologie treibt, dem es zu „Herzen" geht. Deswegen lautet sein Wahlspruch bei der Kardinalserhebung 1879 auch „Cor ad cor loquitur" (Nur über das Herz kannst du das Herz des Nächsten erreichen).

> *Man sieht viel Schönes am Lehrsystem der Kirche, was im Beweis zu ihren Gunsten annehmlich klingt; vieles, was sich in Vergleich zur menschlichen Natur empfiehlt, was die Hand des Schöpfers verrät und den Bedürfnissen und Erwartungen des Geschöpfes entspricht. Viel Tiefes, viel Großes und Freies – sie ist so furchtlosen Laufes und sichern Schrittes –, viel ausnehmend Wahres, Zusammenhängendes, Vollständiges, Harmonisches ist in ihren Einrichtungen. Aber all das erweckt den Eindruck, es bedürfe eines zwingenden Beweises für die grundlegendsten Sätze, auf denen sie ruht; oder mit andern Worten ..., es bedürfe eines erschöpfenderen und ausdrücklicheren Schriftbeweises für ihre Wahrheit ... „Wo findet es sich in dem inspirierten Buch?" Und dass es sich da n i c h t findet (will sagen, nicht so erschöpfend findet, wie es gewünscht wird), scheint (Protestanten)*

ein für allemal bewiesen durch die einfache Tatsache, dass alle jene, die ihren Glauben aus der Schrift allein bilden möchten, von der Kirche und ihren Lehren abfallen und sich dieser oder jener Sekte anschließen.

Meine erste Antwort beruht auf einem „argumentum ad hominem". Das heißt, ich will zeigen: Wenn der Einwand etwas beweist, so beweist er für die Absicht der Partner zu viel; er würde zu Folgerungen führen über die Grenzen hinaus, die sie ihm stecken möchten … Wenn es ein guter Beweis gegen die Wahrheit der Apostolischen Nachfolge und ähnlicher Lehren wäre, dass so wenig darüber in der Schrift gesagt ist – so gilt das Argument ebenso gut gegen nahezu alle Lehren, die ein so genannter Christ, gleichviel in welchem Sinne dieses Namens, bejaht. Es gibt keinen einzelnen Text in der Schrift, der die Kindertaufe vorschriebe … oder die Heiligung des ersten Wochentages an Stelle des siebten … Ist der Heilige Geist je ausdrücklich in der Schrift Gott genannt? … Wenn die Worte Altar, Lossprechung oder Nachfolge nicht in der Schrift stehen – dies vorausgesetzt –, so auch nicht das Wort Dreifaltigkeit. Weiter, woher wissen wir, dass das Neue Testament inspiriert ist? Erklärt es sich irgendwo selbst als solches? Nirgends … Woher leiten Protestanten ihren Gemeinplatz ab, dass jeder seine Erkenntnis offenbarter Wahrheit selbst aus der Schrift schöpfen könne? Oder überlege, ob die Lehre vom Sühnetod Christi nicht wegerklärt werden könne von solchen, die die Lehre der Eucharistie wegerklären? Wenn die Ausdrücke über diese rein sinnbildlich gebraucht sind, so kann es auch von jener gelten …

Die ganze Überlegung setzt natürlich die Gewissheit über die gegebene Tatsache voraus, dass die Schrift unsystematisch ist und dass ihre Aufschlüsse nicht mit Sicherheit so weit reichen, wie ich sie (im kirchlichen Credo) annehme … Die Bibel besteht aus einer großen Zahl von Schriften verschiedener Personen, die zu verschiedenen Zeiten lebten, und sie ist in eins zusammengefasst und hat ihre gegenwärtige Gestalt unter solchen Veranlassungen wie zufällig erhalten. Einige Teile sind systematisch und lehrhaft; aber der größere Teil besteht aus Anspielungen oder Bemerkungen, die Grundlegendes voraussetzen, anstatt es ausdrücklich zu nennen; oder aus Erörterungen über einzelne Punkte, die gerade die Aufmerksamkeit der Verfasser beanspruchten. Kurz, die Lehren, die Leitgedanken, die Regeln und Gegenstände systematischer Unterweisung sollen als ausgemacht genommen werden – es wird darauf angespielt; aber sie sind im Gesagten nur eingeschlossen, nicht direkt aufgestellt. Du wirst einige Mühe haben, sie herauszufinden … und vergeblich nach einer allfälligen S a m m l u n g der einzelnen Ansichten ausschauen, welche die Verfasser doch offenbar vertraten, ja sogar nachdrücklich betonten …

So scheint mir die Ansicht von vornherein wirklich recht unwahrscheinlich, dass die Schrift das Ganze des offenbarten Wortes Gottes enthalten müsse. Ich gestehe, dass mein Geist auf den ersten Blick sich naturgemäß angetrieben fühlt, nicht nur hier, sondern auch anderswo nach Aufschlüssen über die heilige Wahrheit zu suchen … Nehme man z. B., was St. Paulus den Korinthern sagt: „Deshalb habe ich euch Timotheus, meinen lieben und getreuen Sohn im Herrn, gesandt, und er soll euch meine Wege in Christus in Erinnerung rufen, die Lehren, die ich überall in jeder Gemeinde verkünde" (1. Kor. 4,16f.). Er verweist sie also auf eine Autorität, die nicht sein Brief selber ist und nebenher geht: auf Timotheus, ja auf seine Lehre, so wie er sie in jeder Gemeinde gelehrt hat … Und nachher, da er nicht lehrend, sondern in Erinnerung rufend ihnen vom Abendmahl unse-

res Herrn spricht, fügt er bei: „Das Übrige will ich ordnen, wenn ich komme" (1. Kor. 11,34). Wenn wir also finden, dass die Kirche jederzeit das heilige Sakrament nicht nur als eine Feier oder ein Mahl angesehen hat, sondern dass es in seiner Fülle ein Opfer beinhalte und eine gewisse liturgische Form erfordere – wieso widerspräche dies dem inspirierten Text, der doch schlicht darauf hinweist, dass noch etwas anderes zum Gesagten hinzukommen soll? So wenig befremdlich ist es, wenn die Kirche die Andeutung des heiligen Paulus weiter ausführt und erfüllt, dass es geradezu befremdlich wäre, wenn sie es nicht täte ...

Es wäre nun noch zu zeigen, dass die Leute, die gegen kirchliche Lehren mit Berufung auf ungenügenden Schriftbeweis oder Väterbeweis Einwand erheben – es folgerichtig, wenn sie ihren Prinzipien treu bleiben wollen, auch gegen den Schriftkanon und die Autorität der Schrift selbst tun müssen ... Denn woher wissen wir, dass die ganze Bibel das Wort Gottes ist? Der so genannte Kanon, die Sammlung der heiligen Schriften, existierte in der Frühzeit, bis ins vierte Jahrhundert, nicht ... Die Einwände, die man gegen die Evidenz zugunsten der Kirchenlehren erheben kann, sprechen ebenso gegen den Schriftkanon, sodass sie, wenn sie dort gelten, zugleich gegen beide gelten ... Sektierer geben durchwegs die Lehren der Kirche auf und halten sich an die Bibel der Kirche; aber wenn sich die Lehren der Kirche nicht als wahr erweisen lassen, dann auch die Bibel nicht: Sie stehen oder fallen zusammen. Wenn wir anfangen, müssen wir bald zu Ende kommen. Nach welchem sinnvollen Grundsatz kann ich einen Teil aufgeben und den Rest behalten?

Auch kirchliches Brauchtum ist schriftgemäß

Es ist leicht zu zeigen, dass ein ins Einzelne gehendes Ritual schon gleichzeitig mit den Apostelschriften in Übung war, dass die Apostel es als bestehend und bindend anerkannten, dass es auf religiösen Prinzipien beruhte und den Sinn hatte, religiöse Wahrheiten nahezubringen … Ebenso offenkundig ist, dass die Apostelbriefe nicht geschrieben wurden, um die rituelle Seite der Gottesverehrung zu behandeln und einzuschärfen; alles, was sich erwarten lässt, wenn es etwas Derartiges in den Apostelbriefen schon gab, ist eine gelegentliche Anspielung in ihren Briefen auf den bestehenden Brauch, eine einfache Gewährung in dieser Hinsicht – und das finden wir … (1. Kor 11;2. Thess. 2; 1. Kor. 4,17 z. B. erinnern an rituelle Vorschriften), „wie ich sie überall in jeder Gemeinde verkünde" … Der Beispiele sind sicher genügend, um uns mit der ganzen Ordnung des kirchlichen Brauchtums zu versöhnen, das uns in den Schriften der Kirchenväter entgegentritt … Es soll auch bemerkt werden, dass manche von den religiösen Gebräuchen der ersten Kirche sich ausdrücklich auf Worte der Schrift stützen und den Sinn haben, ein sichtbarer Hinweis auf sie zu sein … Sinnbildliche oder mystische Beschreibungen werden durch eine entsprechende Handlung buchstäblich vor Augen gestellt. Unser Herr selbst begründet dieses Verfahren, da er das prophetische Symbol der „Quelle" im sichtbaren Zeichen der Taufe erfüllt zeigt (Joh. 4,14 usf.). So ist auch das Öl, weil in der Schrift häufig als Sinnbild geistiger Gnadengaben erwähnt, in der Frühkirche verwandt … So leitet sich von Phil. 2,10 der fromme Brauch ab, beim Namen Jesu das Haupt zu neigen. Man käme an kein Ende, wollte man die Beispiele für solch frommes Aufmerken auf die Schriftworte selbst zusammenstellen: wie z. B. die Sitte des steten liturgischen Stundengebetes von Stellen wie Lk. 18,7 abgeleitet wurde oder das Begräbnis von Märtyrern unter dem Altar aus Geh. Offb. 6,9 oder die weiße Kleidung des Liturgen aus Geh. Offb. 4,4 … Religiöse Zeichen und Bräuche, weit entfernt, ohne Sinn zu sein, sind ihrem Wesen nach geeignet, unserer Erinnerung und Vorstellung die großen Wahrheiten der Offenbarung einzuprägen. Weit entfernt davon, abergläubisch zu sein, sind sie ausdrücklich in der Schrift gebilligt, was das Grundsätzliche angeht, und in ihrer konkreten Gestalt der Kirche durch Überlieferung zugekommen …

Das liturgische Brauchtum der Kirche ist nicht um seiner selbst willen da; es ruht nicht auf sich selbst, es hat nicht selbstständige Bedeutung … Es ist bedingt von einem innern Gehalt, es ist schützende Hülle um ein Geheimnis, es verteidigt ein Dogma, es ist Darstellung einer Idee, es verkündet eine Frohbotschaft. Kanäle der Gnade sind alle diese Zeichen, äußere Formen einer innern Wirklichkeit oder Tatsache, die keinem Katholiken zweifelhaft ist, die ihren eigenen, selbstständigen Grund hat, nicht als Folgerung der Vernunft, sondern als Gegenstand eines übernatürlichen Sinnes.

1854

Der sel. Papst Pius IX. definiert in Rom das Dogma von der Unbefleckten Empfängnis Mariens. Die Glaubenswahrheit war schon viele Jahrhunderte hindurch durch Feste und Andachten in der Kirche bezeugt worden. Vor allem die barocke Kirchenkunst widmete dem Thema große Aufmerksamkeit.

In Deutschland gab es viele Theologen, die dem Dogma fremd und auch ablehnend gegenüberstanden.

1858

In Lourdes/Südfrankreich erscheint die Muttergottes dem Mädchen Bernadette Soubirous und zeigt sich als die Unbefleckte Empfängnis.

1860

Das Kölner Pastoralkonzil von 1860 befasste sich auch mit der Lehre von der Schöpfung, die im 19. Jahrhundert von mancher Seite aus angegriffen wurde. Viele Wissenschaftler meinten, die Hl. Schrift sei nichts als ein Mythos; andere konnten sich nicht zum Glauben an einen persönlichen Gott durchringen und vertraten den Pantheismus. Es kam auch das Schlagwort „Der Mensch stammt vom Affen ab" auf. Die Kölner Synode, an der u. a. der berühmte Theologe Matthias Joseph Scheeben mitwirkte, weist den Pantheismus zurück und zeigt die Würde des Menschen, insoweit er Gottes Geschöpf ist, auf.

> *[...] Die Seelenhirten sollen ihren Gläubigen auseinanderlegen, wie gottlos, ja geradezu unsinnig es ist, zu sagen: Gott, von dem Schrift, Glaubensbekenntnisse und Vernunft lehren, er sei unendlich, unermesslich und unveränderlich, gehe in die Welt ein, die doch dauernden Veränderungen unterworfen ist. Sie sollen auch darauf hinweisen, wie gotteslästerlich, der Heiligkeit und Gerechtigkeit Gottes zuwider die Behauptung ist, Gott selbst sei im Menschen Vollbringer aller schlechten Taten. Es wird auch nicht schwer sein, Menschen, die ruhig überlegen, zu zeigen, wie dieser Irrtum schon durch das Zeugnis des eigenen Gewissens widerlegt wird und wie gefährlich für die menschliche Gesellschaft ein Irrtum ist, der sich nicht scheut, die Schlechtigkeiten der Menschen auf Gott zu übertragen und die Störungen der rechten Ordnung als ebenso viele Entwicklungen der*

Gottheit zu bezeichnen. So wäre ja der Mensch, was er auch Gotteslästerliches tun mag, von jeder Schuld freizusprechen.

Endlich wird jedermann, der weiß, dass Gott durch sich besteht und unendlich ist und deshalb unendlich weit von allen anderen veränderlichen Dingen entfernt ist, leicht einsehen, dass Gott nicht dieselbe Natur haben kann wie die Dinge dieser Welt. […]

Wenn man nach dem Grund fragt, der Gott veranlasste, zu schaffen, d. h. nach dem Zweck des Schaffenden, so lautet die Antwort: Nichts, was von ihm unterschieden ist, konnte ihn dazu veranlassen. Da er ja sich selbst genügt, kann er nichts für sich erstreben.

Da nun Gott wirklich geschaffen hat, und da er alles, was er schafft, notwendig aus Liebe zu seiner in sich ruhenden Güte schafft, so sagen wir mit Recht: D u r c h s e i n e G ü t e ist Gott zur freien Schöpfung bewogen worden. In diesem Sinn sagt auch der heilige Augustinus:,,Weil er gut ist, sind wir."

Wenn man aber nicht mehr nach dem Grund fragt, der Gott veranlasste, zu schaffen, d. h. nach dem Zweck des Schaffenden, sondern nach dem Zweck, den Gott der Schöpfer mit seinem Werk erstrebte, d. h. nach dem Zweck des Werkes, dann ist zu sagen, dass er das erstrebt habe und noch immer erstrebe, was so mit seinem Wirken verbunden ist, dass es von ihm nicht getrennt werden kann. Das ist folgendes: Erstens: Wenn Gott schafft, so muss er notwendig den Geschöpfen e t w a s G u t e s m i t t e i l e n. Denn das „Sein", das sie erhalten haben, ist ein Gut. In diesem Sinne sagt auch der heilige Augustinus: „Insoweit wir sind, sind wir gut." Das Zweite, das beim Werk Gottes nicht fehlen konnte, war d i e O f f e n b a r u n g d e r g ö t t l i c h e n V o l l k o m m e n h e i t e n, vor allem der Macht, Weisheit und Güte. Diese Offenbarung wird Gottes äußere Ehre genannt, da durch sie Gott gelobt wird. Dass aber Gott die Anerkennung und Liebe seiner Vollkommenheiten, oder mit andern Worten, seine äußere Ehre wirklich beabsichtigt hat, steht über allem Zweifel. Das zeigt die Betrachtung der geschaffenen Dinge, die wesensnotwendig Gottes Vollkommenheiten offenbaren, wie die Betrachtung des Menschen, der mit Verstand ausgestattet ist, um Gott aus seinen Werken zu erkennen und zu lieben. Das zeigt schließlich die Betrachtung Gottes selbst: Da er heilig ist, muss er notwendig aus seinem Werk anerkannt werden wollen. So verstehen wir jene häufigen Aussprüche der Heiligen Schrift, die uns zum Lob Gottes aus der Betrachtung der Größe der geschaffenen Dinge mahnen.

Ganz eng mit der Verherrlichung Gottes ist d a s   G l ü c k   d e r   M e n s c h e n verknüpft. Denn dadurch, dass die Menschen Gott verherrlichen, mehren sie ihre Verdienste und ihr Glück. Umgekehrt gibt Gott um so größere Beweise seiner Güte und mehrt so seine Ehre, je größere Güter er den Menschen mitteilt. So fördert gegenseitig eines das andere. Wenn man aber nach der Rangordnung der beiden Zwecke fragt, so ist zu sagen: Der letzte Zweck des Werkes ist die Verherrlichung Gottes. Auf sie muss das Glück der Geschöpfe und besonders des Menschen hingeordnet sein. Denn Gottes Verherrlichung ist höherer Ordnung als das Glück der Menschen, da sie sich auf Gott bezieht. So ziemt es sich, dass das Glück der Menschen der Verherrlichung untergeordnet ist und ihr dient.

Daraus darf aber nicht gefolgert werden, dass dadurch Gottes Güte gegen uns herabgemindert werde; die Güter, die uns Gott geschenkt, werden ja nicht dadurch gemindert, dass sie auf Gottes Ehre hingeordnet werden. Im Gegenteil: Je fleißiger wir durch sie die Ehre Gottes suchen, desto mehr werden wir selbst bereichert; denn Gott *sucht ja seine Ehre in der Welt nicht so, als erwerbe er sich damit ein Gut, das er noch nicht besitzt, nein: Er fordert nur die Wahrung der rechten Ordnung.*

1869–1870

In Rom tagt das I. Vatikanische Konzil. Es befasst sich mit Fragen des Glaubens in der Anfechtung durch die neueren Irrlehren; so wird betont, dass Gott mit dem Lichte der natürlichen Vernunft erkannt werden kann.

Die Lehre der Kirche sollte ausführlich behandelt werden, aber der Ausbruch des deutsch-französischen Krieges beendete die Kirchenversammlung vorzeitig. In den letzten Tagen wurde das Dogma von der Unfehlbarkeit des Papstes veröffentlicht.

Das führte in Deutschland zum Schisma der Altkatholiken.

1871–1887

In Deutschland führt der Preußische Staat, der weitgehend evangelisch geprägt ist, den „Kulturkampf" gegen die Kirche.

Rudolf Virchow, ein Mediziner, prägte diesen Begriff: Er meinte, die katholische Kirche und die moderne Kultur seien nicht zu vereinbaren. Mit allerlei schikanösen Gesetzen wurden die Geistlichen an der Ausübung ihres Dienstes gehindert.

Der Kölner Erzbischof Melchers musste ins Gefängnis. Viele Preußen konnten und wollten das Unfehlbarkeitsdogma nicht als Glaubenssatz für Katholiken anerkennen, sondern sie deuteten es politisch aus und somit legten sie ihm einen anderen Sinn unter.

1876

Die geistigen Auseinandersetzungen des 19. Jahrhunderts zwischen Kirche und „Welt" spiegeln sich gut im Lied „Ein Haus voll Glorie schauet" des Kirchenmusikers Joseph Mohr († 1892) wider. Die Kirche ist als befestigte Stadt beschrieben; das Kreuz, das Siegeszeichen Christi, und die Gottesmutter verheißen den Sieg über die Angriffe der bösen Mächte.

In den Jahren des „Kulturkampfes" bedeutete dieses Lied eine Stärkung des Widerstandsgeistes der Katholiken. Dass die Blutzeugen der Vergangenheit genannt werden, sollte Ansporn zur Nachahmung sein.

1. Ein Haus voll Glorie schauet weit über alle Land, aus ewgem Stein erbauet von Gottes Meisterhand. Gott, wir loben dich! Gott, wir preisen dich! O lass im Hause dein uns all geborgen sein!

2. Gar herrlich ist's bekränzet mit starker Türme Wehr, und oben hoch erglänzet des Kreuzes Zeichen hehr. Gott, wir ...

3. Wohl tobet um die Mauern der Sturm in wilder Wut, das Haus wird's überdauern, auf festem Grund es ruht. Gott, wir ...

4. Ob auch der Feind ihm dräue, anstürmt der Hölle Macht, des Heilands Lieb und Treue auf seinen Zinnen wacht. Gott, wir ...

5. Dem Sohne steht zur Seite die reinste der Jungfraun; um sie drängt sich zum Streite die Kriegsschar voll Vertraun. Gott, wir ...

6. Viel tausend schon vergossen mit heilger Lust ihr Blut; die Reihn stehn fest geschlossen in hohem Glaubensmut. Gott, wir ...

7. Auf, eilen liebentzündet auch wir zum heilgen Streit! Der Herr, der's Haus gegründet, uns ewgen Sieg verleiht. Gott, wir ...

1886
In Uganda erleiden Karl Lwanga und seine Freunde den Tod, weil sie sich nicht zu homosexuellen Handlungen verführen lassen wollten.

Nun hat der afrikanische Kontinent wieder neue Blutzeugen.

3 Säulen der wahren Kirche

1897
In Lisieux stirbt Theresia von Kinde Jesus, eine der Patroninnen der Weltmission. Die Karmelitin hinterließ ein tiefes geistliches Werk, die Selbstbiografie.

1903
Mit der Wahl des hl. Papstes Pius X. kam ein sehr frommer Mensch auf den Stuhl Petri. Er förderte sehr die Liturgie der Kirche, vor allem den Gregorianischen Choral.

1907
Der hl. Padre Pio legt seine feierliche Ordensprofess ab. Er wird durch das lange Beichthören heilig und erhält die Wundmale Christi. Er errichtet in Pietrelcina ein vorbildliches Krankenhaus. Eine Zeit hindurch verbot ihm der Vatikan das Beichthören – 2002 wurde der Pater heiliggesprochen.

1910
Unglücklicherweise hat der Begriff „Modernismus" viele Menschen nicht erkennen lassen, welche Bedrohung des katholischen Glaubens in der 1. Hälfte des 20. Jahrhunderts anstand. Vom Gefühl her möchte

jeder „modern" sein; niemand möchte gerne als „altmodisch" oder als von „gestern" bezeichnet werden.

Der „Modernismus" bietet den Glauben in reichlich verwässerter Form, denn er übernimmt zeitgenössische Philosophien und deutet damit den überlieferten Glauben um. So gab es damals Theologen, die wollten nicht mehr anerkennen, dass hinter der Geschichte der Kirche der Heilige Geist steht; man verbannte alles „Übernatürliche" (und somit auch Gott) aus dem Bereich der „Wissenschaft".

Schon der „Kulturkampf" hatte ja als geistigen Hintergrund die These, die „moderne Kultur" und die „Kirche" könne nicht zusammen bestehen – deswegen der Kampf gegen die Kirche und vor allem gegen das Papsttum. Der „Modernismus" kam vielen abständigen Katholiken gerade recht; der Glaube verflüchtigte sich in „religiöse Gefühle"; die Kirche und das Petrusamt traten stark in den Hintergrund. Der Gottesglaube wurde verkürzt um die göttliche Offenbarung und die Wunder.

Der hl. Papst Pius X. verlangte deswegen – völlig zu Recht – von seinem Klerus, dass er den Prinzipien dieser Häresie abschwor.

Ich umfasse fest und nehme an alles und jedes Einzelne, was vom irrtumslosen Lehramt der Kirche bestimmt, aufgestellt und erklärt ist, besonders die Hauptstücke ihrer Lehre, die unmittelbar den I r r t ü m e r n   d e r   G e g e n w a r t entgegen sind.

Erstens: Ich bekenne, dass G o t t, der Ursprung und das Ende aller Dinge, mit dem natürlichen Licht der Vernunft durch das, was geschaffen ist, d. h. durch die sichtbaren Werke der Schöpfung, als Ursache mittels der Wirkung, mit Sicherheit erkannt und auch bewiesen werden kann.

Zweitens: Ich anerkenne die äußeren Beweismittel der Offenbarung, d. h. die Werke Gottes, in erster Linie die W u n d e r und

Prophezeiungen, als ganz sichere Zeichen des göttlichen Ursprungs der christlichen Religion. Ich halte fest, dass sie dem Geist aller Zeiten und Menschen, auch der Gegenwart, auf das Beste angepasst sind.

Drittens: Fest glaube ich, dass die K i r c h e, die Hüterin und Lehrerin des geoffenbarten Wortes, durch den wahren und geschichtlichen Christus selbst, während seines Lebens unter uns, unmittelbar und direkt eingesetzt und dass sie auf Petrus, den Fürsten der apostolischen Hierarchie, und auf seine steten Nachfolger gebaut wurde.

Viertens: Ohne Rückhalt nehme ich die G l a u b e n s l e h r e an, die von den Aposteln durch die rechtgläubigen Väter stets in demselben Sinn und in derselben Bedeutung bis auf uns gekommen ist. Deshalb verwerfe ich ganz und gar die irrgläubige Erfindung einer E n t w i c k l u n g d e r G l a u b e n s s ä t z e, die von einem Sinn zu einem andern übergingen, der abweiche von dem Sinn, den die Kirche einst gemeint habe. Ebenso verwerfe ich jeden Irrtum, der das göttliche, der Braut Christi übergebene Vermächtnis, das von ihr treu bewahrt werden soll, durch eine Erfindung philosophischen Denkens oder durch eine Schöpfung des menschlichen Bewusstseins ersetzen will, das durch menschliches Bemühen langsam ausgebildet wurde und sich in Zukunft in unbegrenztem Fortschritt vollenden soll.

Fünftens: Als ganz sicher halte ich fest und bekenne aufrichtig, dass d e r G l a u b e nicht ein blindes religiöses Gefühl ist, das aus dem Dunkel des Unterbewusstseins im Drang des Herzens und aus der Neigung des sittlich geformten Willens entspringt, sondern dass er eine wahre Zustimmung des Verstandes zu der von außen durch Hören empfangenen Wahrheit ist, durch die wir auf die Autorität Gottes des Allwahrhaftigen hin für wahrhalten, was uns vom persönlichen Gott, unserm Schöpfer und Herrn, bezeugt und geoffenbart worden ist.

In schuldiger Ehrfurcht unterwerfe ich mich und mit ganzem Herzen schließe ich mich an allen Verurteilungen, Erklärungen, Vorschriften, wie sie im Rundschreiben „Pascendi" und im Entscheid „Lamentabili" enthalten sind, besonders, insoweit sie sich auf die so genannte Dogmengeschichte beziehen. Auch verwerfe ich den Irrtum derer, die behaupten, d e r   v o n   d e r   K i r c h e   v o r g e l e g t e G l a u b e   k ö n n e   d e r   G e s c h i c h t e   w i d e r   s t r e i t e n und die katholischen Glaubenssätze könnten in dem Sinn, in dem sie jetzt verstanden werden, mit den Ursprüngen der christlichen Religion, wie sie wirklich waren, nicht in Einklang gebracht werden.

Ich verurteile und verwerfe auch die Auffassung derer, die sagen, ein gebildeter Christ führe ein D o p p e l d a s e i n, das Dasein des G l ä u b i g e n und das Dasein des G e s c h i c h t s f o r s c h e r s, als ob es dem Geschichtsforscher erlaubt wäre, festzustellen, was der Glaubenswahrheit des Gläubigen widerspricht, oder Voraussetzungen aufzustellen, aus denen sich ergibt, dass die Glaubenssätze falsch oder zweifelhaft sind, wenn man sie nur nicht direkt leugnet.

Ich verwerfe ebenso eine Weise, die H e i l i g e   S c h r i f t zu beurteilen und zu erklären, die die Überlieferung der Kirche, die Entsprechung zum Glauben („analogia fidei") und die Normen des Apostolischen Stuhls außer Acht lässt, die sich den Erfindungen der Rationalisten anschließt und die Textkritik ebenso unerlaubt wie unvorsichtig als einzige oberste Regel anerkennt.

Auch die Auffassung derer verwerfe ich, die daran festhalten, ein Lehrer der theologischen G e s c h i c h t s w i s s e n s c h a f t e n oder ein Schriftsteller auf diesem Gebiet müsse zuerst jede vorgefasste Meinung vom übernatürlichen Ursprung der katholischen Überlieferung oder von einer Verheißung der göttlichen Hilfe zur steten Be-

wahrung einer jeden geoffenbarten Wahrheit ablehnen. Die Schriften der einzelnen Väter müssten nach rein wissenschaftlichen Grundsätzen erklärt werden unter Ausschluss jeder kirchlichen Autorität und mit derselben Freiheit des Urteils, mit der man jedes außerkirchliche Denkmal der Geschichte erforscht.

Endlich bekenne ich ganz allgemein: Ich habe nichts zu schaffen mit dem Irrtum, der die Modernisten glauben lässt, die h e i l i g e Ü b e r l i e f e r u n g enthalte nicht Göttliches, oder, was noch viel schlimmer ist, der sie zu einer p a n t h e i s t i s c h e n D e u t u n g der Überlieferung führt, sodass nichts mehr übrig bleibt als die nackte, einfache Tatsache, die in einer Linie steht mit den gewöhnlichen Geschehnissen der Geschichte, die Tatsache nämlich, dass Menschen durch ihre eigenen Bemühungen, durch ihre Sorgfalt und Einsicht die von Christus und seinen Aposteln begonnene Schule in den nachfolgenden Zeitabschnitten fortsetzten. So halte ich denn fest, und bis zum letzten Hauch meines Lebens werde ich festhalten den Glauben der Väter an die sichere Gnadengabe der Wahrheit, die in der Nachfolge des bischöflichen Amtes seit den Aposteln ist, war und immer sein wird, sodass nicht d a s Glaubensgegenstand ist, was entsprechend der Kultur eines jeden Zeitabschnittes besser und passender scheinen könnte, sondern dass niemals in verschiedener Weise geglaubt, nie anders verstanden wird die absolute, unabänderliche Wahrheit, die seit Anfang von den Aposteln gepredigt wurde.

Ich gelobe, dass ich das alles getreu, unversehrt und rein beobachten und unverletzt bewahren, dass ich in der Lehre oder in jeder Art von Wort und Schrift nie davon abweichen werde. So gelobe ich, so schwöre ich, so helfe mir Gott und dieses heilige Evangelium Gottes.

1915–1922

Mehr als eine Million armenischer Christen aller Konfessionen wird Opfer eines Völkermordes durch die Türkei. Bis heute interessiert sich die Weltöffentlichkeit kaum für dieses Massaker.

Damals entstand in Armenien eine große Diasporasituation, die Kirche hat sich bis heute von dieser Verfolgung noch nicht erholen können. Hier folgt ein Text über die Opfer unter den Katholiken.

Die Katholiken Mardins, die keineswegs den Staat verraten hatten und die der Armee durch die Einberufung ihrer jüngsten Söhne ihr reinstes Blut gegeben hatten und die durch ihre religiöse Disziplin die Waffe der Rebellion nicht verstecken konnten, sind nur durch ein religiöses Motiv umgekommen.

Von dem Wenigen, das ich hier und da auf dem riesigen Schlachtfeld sammeln konnte, von dem, was ich sehen und hören konnte, stelle ich hier einen bescheidenen Strauß zusammen zur Ehre der katholischen Kirche Mardins.

Am 10. Juni um Mitternacht, eine Stunde vor dem Abgang des Trauerzuges, waren die schon gefesselten Gefangenen nicht wenig überrascht, als sie einen mohammedanischen Scheich kommen sahen, gefolgt von 25 Mullahs, die sich alle Säbel schwingend ihnen näherten. Der Bischof und seine Begleiter dachten niemals dran, dass sie in Mardin selber umkommen könnten. „Wählt den Islam oder den Tod", sagte der Scheich. „Unsere Wahl ist getan ... den Tod", antworteten die Gefangenen wie aus einem Munde. Den Tod sollten sie einige Stunden später in den Bergen erleiden.

Ein einfacher katholischer Laie wurde im Juni aufgefordert, den Islam anzunehmen. „Oh, oh", antwortete er, „schneidet mich zuerst in tausend Stücke und anschließend teilt nochmals meinen Körper in weitere tausend Teile und, wenn ich anschließend noch sprechen kann, dann werde ich euch sagen: ‚Ich bin ein Christ, ich bin Katholik.'" Ein anderer syrisch-katholischer Laie, ich entsinne mich noch seines Namens, Joseph Sado Nano, heuchlerisch vom Wali von Diyarbakir vorgeladen, wurde vier Stunden von seinem Dorf entfernt aufgefordert, die islamische Religion anzunehmen. Er begann zu weinen. „Warum weinst du?", fragte ihn der Offizier. „Weil ich sieben Kinder in Mardin habe und sie seit acht Monaten nicht mehr gesehen habe." „Werde Mohammedaner und du wirst zu den Deinigen zurückgeführt werden." Daraufhin inspirierte Gott Joseph Sado, und Joseph Sado gehorchte Gott: „Ich Mohammedaner werden?", schrie er aus voller Lunge, und hier wiederholte er an die Islamisten das berühmte Wort, das einem Grenadier in der Schlacht von Waterloo zugeschrieben wird: „Ich bin ein großer Sünder, aber ich werde ein großer Christ am Ende meiner Tage sein. Ich habe zuviel gesündigt, um die göttliche Vergebung zu erhalten, sei es durch einen ungerechten Tod. Tötet mich: Ich werde nicht Mohammedaner. Eure Religion ist zu schmutzig, sie ist zu …" Er konnte nicht zu Ende sprechen, eine Kugel streckte ihn nieder. Er hinterließ seinen sieben Kindern, der Älteste war erst 15 Jahre alt, als Erbe ein makelloses Andenken zum Segnen und einen Glauben ohne Schwäche zum Nachahmen.

Den gleichen Mut finden wir bei einer vornehmen Dame aus Diyarbakir, Madame Cazazian. Man hatte sie nach Dara in der Nähe von Mardin geführt, und man bot ihr das Leben für eine Apostasie an. Indem sie ein Kreuzzeichen machte, sagte sie zu ihren Gefährtinnen: „Macht es wie ich und wisst wie ich für Jesus Christus zu sterben." Man entledigte sie ihrer Gewänder, man stieß ihr mit dem

Dolch in den Unterleib und in den Hals, und man stieß sie halbtot in den Brunnen.

Das ging bis zu den Kindern, die ihren katholischen Glauben bezeugten. Schon vor dem Abtransport der Konvois, deren Ziel man immer verschwieg, liefen die Kleinen ganz enthusiastisch in unsere Nähe. „Das ist für Jesus Christus, dass ich weggehe, schon so lange habe ich den Wunsch, Märtyrer zu werden", sagte Pierre Mamarbachi, ein zehnjähriger syrisch-katholischer Schüler. „Wenn wir sterben müssen, dann werden wir im Himmel glücklicher sein", sagte ein anderer. Und es war ein schönes Beispiel, wie jenes, als die Kommunion um vier Uhr abends einer Gruppe von Kindern gegeben wurde, die verurteilt wurden, noch die gleiche Nacht Mardin zu verlassen.

1917

In Russland ergreifen die Kommunisten die Macht. Die Orthodoxe Kirche und alle anderen Religionen werden blutig verfolgt.

1917

In Fatima/Portugal erscheint Maria drei armen Hirtenkindern und ermahnt sie, für die Bekehrung der Sünder zu beten. Fatima wird zu einer der großen Pilgerstätten der Kirche und das Fest wird am 13. Mai gefeiert.

1924

Die Dichterin und Schriftstellerin Gertrud von Le Fort veröffentlicht ihre „Hymnen an die Kirche". Wenig später bekehrt sie sich zur einen Kirche. Mit der Novelle „Die Letzte am Schafott" über Nonnen in der

Französischen Revolution, die auch für die Bühne bearbeitet wurde, findet sie großen Anklang im damaligen Katholizismus.

In den „Hymnen an die Kirche" spricht die Seele mit der heiligen Kirche.

> *Deine Diener tragen Gewänder, die nicht alt werden,*
> *und deine Sprache ist wie das Erz deiner Glocken.*
> *Deine Gebete sind wie tausendjährige Eichen,*
> *und deine Psalmen haben den Atem der Meere.*
> *Deine Lehre ist wie eine Feste auf uneinnehmbaren*
> *Wenn du Gelübde annimmst,* [Bergen.
> *so hallen sie bis ans Ende der Zeiten,*
> *und wenn du segnest, baust du Häuser im Himmel.*
> *Deine Weihen sind wie große Zeichen von Feuer*
> *auf den Stirnen, niemand kann sie auslöschen.*
> *Denn das Maß deiner Treue ist nicht Menschentreue,*
> *und deine Jahre kennen keinen Herbst.*
> *Du bist wie eine beständige Flamme über wirbelnder Asche!*
> *Du bist wie ein Turm inmitten reißender Wasser!*
> *Darum schweigst du so tief, wenn die Tage lärmen,*
> *denn am Abend fallen sie dennoch an dein Erbarmen:*
> *Du bist's, die über allen Grüften betet!*
> *Wo heute ein Garten blüht, da ist morgen eine Wildnis,*
> *und wo früh ein Volk wohnt,*
> *da haust bei Nacht das Verderben.*
> *Du bist das einzige Zeichen des Ew'gen über dieser Erde:*
> *Alles, was du nicht verwandelst, überwandelt der Tod!*
> *Deine Heiligen sind wie Helden aus fernen Ländern,*
> *und ihre Gesichter sind wie eine unbekannte Schrift.*

Du sonderst sie aus den Gesetzen der Kreatur aus,
als wolltest du sie verderben.
Sie sind wie Wasser, die aufwärtsfließen gegen die Berge.
Sie sind wie Feuer, die ohne Herdstatt brennen.
Sie sind wie ein Jauchzen an den Tod,
sie sind wie ein Leuchten unter dunkler Marter.
Sie sind wie Gebete in der Nacht,
sie sind wie große Opfer in der Stille tiefer Wälder.
Du gießt ihre Kraft aus wie ein Gefäß der Erquickung
und gießt ihr Blut aus wie einen Becher voller Wein.
Denn du gräbst jede Sonderheit auf wie Quellen
und öffnest sie wie ein Glänzen im Gestein.
Aus der Wüste führst du in die Liebe
und aus dem Schweigen zu den Sprachlosen:
Es sind keine Verlassnen in deinen Toren
wie bei den Menschen.
Deine Entsagenden verschwenden,
und deine Besitzlosen bringen fürstliche Gaben,
Deine Gebundenen erlösen,
und deine Geopferten machen lebendig,
Deine Einsamen sprechen von Einsamkeit los:
Du bist der Sieg über die Gefangenschaft der Seelen!

1925

Gottfried Feder redigiert das Parteiprogramm der NSDAP, der Nationalsozialistischen Arbeiterpartei.

Mit der Nr. 4 dieses Programms war der Weg frei für die „Schoa", die Tötung von ca. 6 Millionen Juden, die zwischen 1933 und 1945 von den Nationalsozialisten systematisch inhaftiert, dann in die KZs gebracht wurden, um dort ermordet zu werden.

Schoa (hebr.) bedeutet Vernichtung und Verwüstung. Oft ist die Rede vom „Holocaust", indessen meint dieses Wort mehr ein kultisches Opfer.

Das einmalige barbarische Tun der Nationalsozialisten kann in keinem Sinne mit Kult in Verbindung gebracht werden. Darum ist es angemessen, den Begriff „Schoa" zu benutzen.

Nr. 4
„Staatsbürger kann nur sein, wer Volksgenosse.
Volksgenosse kann nur sein, wer deutschen Blutes ist,
ohne Rücksichtnahme auf Konfession.
Kein Jude kann daher Volksgenosse sein.

Nr. 24
Wir fordern die Freiheit aller religiösen Bekenntnisse im Staat, soweit sie nicht dessen Bestand gefährden oder gegen das Sittlichkeits- und Moralgefühl der germanischen Rasse verstoßen.

Die Partei als solche vertritt den Standpunkt des positiven Christentums, ohne sich konfessionell an ein bestimmtes Bekenntnis zu binden.

Sie bekämpft den jüdisch-materialistischen Geist in und außer uns und ist überzeugt, dass eine dauernde Genesung unseres Volkes nur erfolgen kann von innen heraus und auf der Grundlage: Gemeinnutz vor Eigennutz."

1925
Der Bischof ist der oberste Lehrer des katholischen Glaubens in seinem

Sprengel. Darum geben viele Bischöfe Glaubensbücher heraus, damit der Glaube in den Herzen der Menschen sich verwurzeln kann. 1925 gab der Kölner Erzbischof, Karl Joseph Schulte, einen „Katholischen Katechismus" heraus, der sich an die Schüler seines Erzbistums richtete. Im Vorwort sagte der Kardinal: „Kein anderes eurer Schulbücher ist so wertvoll und wichtig wie dieses kleine Buch; es lehrt euch ja die erhabensten und notwendigsten Wahrheiten; es zeigt euch den Weg zu eurem wahren Glück, zur Himmelsherrlichkeit."

Die Fragen 75–78 gehen auf die Kennzeichen der Kirche ein. Bei allem schuldigem Respekt vor den anderen Konfessionen stellt das Buch die Schönheit der katholischen Kirche vor.

75. Warum gibt es n u r e i n e wahre Kirche?
Es gibt nur eine wahre Kirche, weil Jesus nur eine Kirche gestiftet hat; „auf diesen Felsen will ich meine Kirche bauen" (Mt. 16,18).

Es gibt heute viele Kirchengemeinschaften, die sich christlich nennen; nur eine von diesen kann die wahre Kirche Christi sein.

76. Welche Eigenschaften muss die wahre Kirche Christi haben?
Die wahre Kirche Christi muss 1. einig, 2. heilig, 3. katholisch, 4. apostolisch sein.

Nach dem Willen Christi muss seine Kirche

1. e i n i g sein, weil kein Reich bestehen kann, das wider sich selbst uneins ist (Lk. 11,17);

2. sie muss h e i l i g sein, weil sie die Menschen zur Heiligkeit führen soll;

3. sie muss k a t h o l i s c h oder allgemein sein, weil Christus seine Kirche für a l l e Völker und für a l l e Zeiten gestiftet hat;

4. sie muss apostolisch sein, d. h. sie muss rechtmäßige Nachfolger der Apostel zu Vorstehern haben, weil Christus die Apostel als erste Vorsteher der Kirche bestellt hat.

Deshalb heißt es schon im Glaubensbekenntnis des zweiten allgemeinen Konzils (381 n. Chr.): „Ich glaube an die e i n e, h e i l i g e, k a t h o l i s c h e und a p o s t o l i s c h e Kirche."

An diesen Eigenschaften kann man erkennen, welche Kirche die wahre ist. Daher werden sie auch K e n n z e i c h e n der wahren Kirche genannt.

77. Welche Kirche hat die vier Kennzeichen?

Nur die katholische Kirche hat die vier Kennzeichen.

A. Die k a t h o l i s c h e Kirche hat die vier Kennzeichen.

Sie ist: 1. e i n i g, weil sie überall denselben Glauben, dasselbe Opfer, dieselben Sakramente und dasselbe Oberhaupt hat;

2. h e i l i g, weil sie Menschen durch ihre heilige Lehre und die heiligen Sakramente zur Heiligkeit führt und weil es jederzeit in ihr Heilige gegeben hat, die von Gott durch Wunder verherrlicht sind;

3. k a t h o l i s c h oder allgemein, weil sie a l l e Menschen selig machen will; weil sie sich über alle Länder ausgebreitet hat und sich noch immer ausbreitet;

4. a p o s t o l i s c h, weil sie bis auf die Apostel zurückgeht und weil ihre Vorsteher, Papst und Bischöfe, die rechtmäßigen Nachfolger der Apostel sind.

B. Die anderen christlichen Gemeinschaften haben diese Kennzeichen nicht. Sie sind n i c h t e i n i g in der Lehre, in den Sakramenten und im Oberhaupt. Sie sind entstanden durch Abfall von der wahren Kirche und haben nicht alle Heiligungsmit-

tel, die Christus seiner Kirche anvertraut hat – sie sind n i c h t
h e i l i g.

Die meisten sind Landeskirchen, nicht Weltkirche – sie sind
n i c h t k a t h o l i s c h.

Sie sind erst lange nach den Zeiten der Apostel entstanden, und
ihre Vorsteher sind nicht Nachfolger der Apostel – sie sind n i c h t
a p o s t o l i s c h.

78. Warum wird die katholische Kirche die a l l e i n s e l i g -
m a c h e n d e genannt?

**Die katholische Kirche wird die alleinseligmachende genannt,
weil sie allein von Christus den Auftrag und die Mittel empfangen hat, die Menschen zur ewigen Seligkeit zu führen.**

Die Bezeichnung „alleinseligmachend" sagt nicht: Alle gehen
verloren, die außerhalb der Kirche bleiben. W e r o h n e
s c h w e r e Schuld nicht zu ihr gehört, kann selig werden, wenn
er nach bestem Wissen den Willen Gottes erfüllt.

**„Dank sei dem Herrn, der mich aus Gnad'
in seine Kirche berufen hat!
Nie will ich von ihr weichen."**

1933

Deutschland in seinen Grenzen von 1933 war nicht ein überwiegend
katholisches Land, sondern die evangelischen Christen hatten die Mehrheit.

Wenn man das Wahlverhalten der Deutschen unter dem Blickwinkel
der Zugehörigkeit zu Konfessionen untersucht, dann ergibt sich folgendes Ergebnis:

Je mehr evangelische Christen in einem Wahlkreis wohnten, desto höher wurde Adolf Hitler mit Stimmen bedacht – während die überwiegend katholischen Wahlkreise ihm die Stimme versagten.

Die evangelischen Christen waren eindeutig wahlentscheidend; wenn in manchen Teilen der Presse immer wieder auf die Rolle der Kirche und deren angebliches Versagen angespielt wird, so widerspricht dies den wirklichen Ergebnissen der freien Wahlen.

Adolf Hitler, der über Deutschland und die Juden das größte Unheil brachte, war durch die Mehrheit der Deutschen evangelischen Bekenntnisses an die Macht gekommen.

1933–1945

Adolf Hitler handelte als Reichskanzler konsequent nach dem Parteiprogramm der NSDAP (vgl. 1925). Schon bald nach seinem Amtsantritt erließ er Gesetze gegen die Juden und schon früh waren sich die Nazis einig, dass alle Juden getötet werden sollten.

Ein erster Höhepunkt der Judenverfolgung war die Reichskristallnacht von 1938; das „Deutsche Reich" war mit Konzentrationslagern überzogen; dort wurden massenweise Gegner des Regimes und vor allem jüdische Mitbürger ermordet.

Als 1945 das KZ Dachau befreit wurde, befanden sich 1240 Geistliche unter den Häftlingen; insgesamt waren dort in den 12 Jahren 2720 Geistliche inhaftiert, davon verstarben 1034 im Lager.

1933

Kardinal Faulhaber aus München hielt 1933 die aufsehenerregenden Adventspredigten über das Thema „Judentum, Christentum, Germanentum".

Der Nationalsozialismus hatte erklärt, dass er die jüdischen Mitbürger nicht als „Volksgenossen" anerkennen werde, und in der Folge wurden dann die alttestamentlichen Bücher der Hl. Schrift als „Judenbücher" verächtlich gemacht.

Der Auszug aus den Adventspredigten zeigt gut die neuheidnische Situation durch die nationalsozialistische Irrlehre auf – hier aufgezeigt bezüglich der Stellung zum Fest der Geburt Christi.

> *„Oftmals und auf vielfache Art hat Gott in der Vorzeit durch die Propheten zu den Vätern gesprochen. In der Fülle der Zeiten hat er zu uns gesprochen durch seinen Sohn." Aus der dritten Weihnachtsmesse. Hebr 1,1f.*
>
> *Über dem Weihnachtsfest und seinem Vorabend liegt, wie schon der Name sagt, eine h e i l i g e W e i h e. Wir denken an die glücklichen Kinder, die mit strahlenden Augen und zappelnden Herzen unter dem Christbaum stehen. Wir denken an die unglücklichen Opfer der wirtschaftlichen Not, die in Erinnerung an ihre sorgenfreie Jugend stille Tränen weinen. Wir denken an die Gefangenen und Verbitterten, deren Seelen am Heiligen Abend leichter als sonst einem guten Wort sich öffnen.*
>
> *D i e W e i h e d e r W e i h e n a c h t kann durch dreierlei Menschen getrübt werden. Die einen, d i e O b e r f l ä c h l i c h e n, haben über dem Christbaum und den Christgeschenken und dem Drum und Dran von weihnachtlichen Volksgebräuchen die Hauptsache des Christtages, das Christkind, vergessen. Christbaumfeiern ohne Christkindglauben sind Schalen ohne Kern. Die anderen, d i e C h r i s t u s l e u g n e r, haben das Weihnachtsgeheimnis als Mythus und Märchen erklärt und den Bericht des Evangeliums*

nicht gelten lassen. Das Evangelium vom neugeborenen Sohn der Jungfrau ist nicht ein Märchen aus Tausendundeiner Nacht, es ist eine geheimnisvolle, aber eine geschichtliche Tatsache, in den Geschichtsquellen des Evangeliums beurkundet. Wieder andere, **d i e K i n d i s c h e n**, fromme Seelen mit oder ohne Klosterschleier, reden und singen in süßlicher Weise vom Jesulein und den Engelein und vermengen Evangelium und Märchengeschichten. Gewiss müssen wir mit den Kindern in der Sprache der Kinder reden und selber „wie die Kinder werden", „die Erwachsenen aber sollen feste Speise haben" (Hebr 5,13f.). Weihnachten soll auch für die Männer Feiertag sein, nicht bloß für die Kinder, und den männlichen Charakterzug des Christentums nicht verleugnen.

„In der Fülle der Zeiten hat er zu uns gesprochen durch seinen Sohn." So lasst uns, was der Sohn zu uns gesprochen hat, heilig halten und **i n d e n E v a n g e l i e n i m m e r w i e d e r n a c h l e s e n !** Wir finden Zeit dazu, wenn wir ernstlich wollen und in anderen Dingen Zeit einsparen. Das Evangelium ist mehr als irgendein Menschenbuch, darum kann uns kein Menschenbuch das Evangelium vollwertig ersetzen. **M e h r B ü c h e r v o n B i l d u n g s w e r t a u f d e n W e i h n a c h t s t i s c h !** Der Vorrang vor allen Büchern aber bleibt **d e m B u c h e d e r B ü c h e r , b e s o n d e r s d e m E v a n g e l i u m** und den anderen Schriften des Neuen Testamentes. Weihnachten ist der Feiertag der **d r e i E v a n g e l i e n** mit dem dreifachen Segen: „Das Lesen im Evangelium sei uns Heil und Schutz", „Durch die Worte des Evangeliums mögen unsere Sünden getilgt werden", „Christus, der Sohn Gottes, lehre uns die Worte seines Evangeliums." Es braust ein Sturm durch unser Land, der die Hl. Schriften, weil sie Judenbücher seien, vom deutschen Boden wegfegen *soll. Ich habe die Überzeugung, dieser Sturm wird eher bei allen Bekenntnissen ein **heiliges Feuer neuer Begeisterung** für die Hl. Bücher entzünden. Unsere getrennten Brüder knien nicht mit uns an der Kommunionbank. **Gläubiges Betrachten im hl. Evangelium aber ist geistige Kommunion mit unserem Herrn und Heiland**. Im Mai 1928 wurde in Turin eine große Versammlung zur Verbreitung der Hl. Schriften abgehalten unter dem Leitwort: „Das Evangelium kennenlernen, leben, verbreiten". Damals schrieb der Hl. Vater Pius XI. an jene Versammlung: „Kein Buch kann zur Seele mit so viel Licht der Wahrheit sprechen, mit so viel Kraft des Beispiels und mit so viel Herzlichkeit wie das heilige Evangelium."*

1934

Mit der Wahl Adolf Hitlers zum deutschen Reichskanzler im Jahr 1933 mussten viele deutsche Intellektuelle um ihr Leben fürchten. Dietrich von Hildebrand, Philosoph in München, stand früh auf der Todesliste der NSDAP.

Er floh nach Österreich und gab mit anderen Nazi-Gegnern die Zeitschrift „Der christliche Ständestaat" heraus und wurde von Bundeskanzler Engelbert Dollfuß, der später von den Schergen Hitlers ermordet wurde, unterstützt.

Hildebrand analysiert die Ideologie des Nationalsozialismus aus der Sicht des Philosophen. Interessant ist dabei die Bezeichnung „widerchristlicher Antipersonalismus" – eine solche deutliche Sprache war bei vielen anderen Wissenschaftlern seiner Zeit zu vermissen.

Der dürftige Gedankengehalt des Nationalsozialismus ist eindeutiger Blutmaterialismus. Er leugnet die christliche Rangordnung des Seienden, indem er die vitale Sphäre nicht nur über die geistige stellt, sondern die geistige Person zu einer bloßen Funktion von Blut und Rasse herabwürdigt. In diesem Blutmaterialismus liegt die Leugnung der geistigen Natur des Menschen, der Freiheit des Willens, der katholischen Lehre „anima forma corporis", des unmittelbaren Ursprungs jeder Menschenseele aus Gottes Hand, des so genannten „Creatianismus" und vor allem der Einheit der Menschennatur und der Menschheit – alles Wahrheiten, die unerlässliche natürliche Voraussetzungen des Christentums darstellen.

Diese Vergötzung der vitalen Sphäre bzw. diese Entthronung der geistigen Sphäre kommt in Theorie und Praxis in gleicher Weise zum Ausdruck. Auch sie ist nicht auf „radikale" Strömungen im Nationalsozialismus beschränkt, auf so genannte „Nationalbolschewisten", sondern sie ist der Zentralpunkt des ganzen Nationalsozialismus. Wir finden ihn ebenso in der programmatischen Erklärung Hitlers auf dem Nürnberger Parteitag 1933: „Der Unterschied zwischen einem Menschen höherer und niederer Rasse ist größer als der zwischen einem Menschen niederer Rasse und einem Affen", und in unzähligen Reden verschiedener Führer, wie in dem Sterilisationsgesetz, in den eugenischen Maßnahmen, in den Züchtungspraktiken, in der Stellung zu Kranken und vital Minderwertigen.

Dem Nationalsozialismus ist ferner ein widerchristlicher Antipersonalismus eigen. Die Würde des Menschen als geistige Person, als gottebenbildliches Wesen, die wahren Werte jeder einzelnen unsterblichen Seele, die elementaren Rechte des Menschen werden völlig ignoriert. Der Mensch wird ausschließlich als bloßes Mittel für den

Staat und die Volksgemeinschaft aufgefasst. An Stelle seiner ewigen Bestimmung, seines religiösen und sittlichen Eigenwertes tritt seine Nützlichkeit für den Staat und die ganz im Vitalen stecken bleibende Volksgemeinschaft als einziger und letzter Maßstab. Dieser rein instrumentalen Auffassung der menschlichen Person entspricht die Idee des totalitären Staates, das heißt eines Staates, dem sowohl die Einzelmenschen restlos bis in ihr intimstes Eigenleben „gehören" und der über alle anderen Gemeinschaften wie Familie, Ehe, Kirche das letzte Wort zu sprechen hat. Diese mit der christlichen Idee des Menschen und seiner eigentlichen Bestimmung wie mit der christlichen Idee der Familie, Ehe, Kirche ebenso unverträgliche Auffassung ist ebenfalls keine Sondertheorie einiger radikaler Elemente des Nationalsozialismus, sondern das A und O der nationalsozialistischen Bewegung. Ob wir an den Erlass des Innenministers Frick denken: „Ihr sagt uns, dass eure Kinder keine Handwerker sein wollen, dass sie nach etwas anderem streben. Aber eure Kinder sind ein Nichts, eine Null. Für euren Sohn existiert bloß der Staat und die Nationalwirtschaft und er muss in einem bestimmten Sinn für diese nützlich sein", oder an das Verbot, mittellose Kranke, deren Gesundung nicht sicher ist, weiterzubehandeln, ob an die rassischen Ehevorschriften oder an die unerhörte Anmaßung des Staates, die Menschen aussuchen zu wollen, denen die Zeugung gestattet wird, bzw. bestimmen zu wollen, wer geboren werden darf und wer nicht, überall tritt diese widerchristliche Einstellung deutlich zutage. Sie ist ebenfalls Gemeingut der nationalsozialistischen Gedankenwelt.

Antichristlich ist ferner der Subjektivismus, dem die Frage der objektiven Wahrheit nicht mehr gilt und der sie durch die Frage der „Artgemäßheit" und „Volksverwurzeltheit" ersetzt, bzw. durch die

Frage, ob etwas im Geist der nationalen Revolution ist. Das Christentum ist auf der Ehrfurcht vor der objektiven Wahrheit aufgebaut und verbietet jedes Abweichen von der Wahrheit um irgendeines anderen Gesichtspunktes willen.

Völlig unvereinbar mit dem Christentum ist weiterhin die offizielle zynische Leugnung eines objektiven Rechts, den die nationalsozialistischen Führer in Wort und Tat proklamieren. Die äußerste Antithese zum Geist der Bergpredigt bildet endlich die aus dem Hochmut geborene Herrenmoral und das Ethos der Brutalität und Gewalt. Von der Nötigung zur Mensur bis zu den Praktiken der Konzentrationslager, von dem Buch „Mein Kampf" bis zum Horst-Wessel-Lied, von den Reden der Führer bis zu den grauenvollen Morden der letzten Tage, überall gähnt uns diese Verherrlichung der Brutalität, dieses Schwelgen in der nackten Macht, dieser Bestialismus entgegen.

Der Nationalsozialismus ist von seinen ersten Anfängen an das Sammelbecken aller niedrigsten Leidenschaften, aller billigen Gemeinplätze und Schlagworte, alles Unverständnisses für deutsches Wesen und deutsche Tradition gewesen. Je mehr er sich auf sich selbst und seine ursprünglichen Intentionen besinnt, umso schlimmer für Deutschland. Kein noch so unversöhnlicher politischer Gegner Deutschlands, kein Jena und kein Versailles können nur im entferntesten für Deutschland so gefährlich sein wie diese Verfälschung und Vergiftung der deutschen Nation von innen her. Das sind die Gründe, warum wir den Nationalsozialismus bekämpfen: weil in ihm der Antichrist das Haupt erhebt und weil er in seiner perniziösen nie da gewesenen Dummheit und Unechtheit der Totengräber der deutschen Kultur, ja der Todfeind aller wahren Kultur überhaupt ist.

1935

Zu Recht stellt der Text aus dem „Kirchlichen Anzeiger" des Erzbistums Köln einen Zusammenhang zwischen der Hetze der Nationalsozialisten gegen die Kirche und die Juden zugleich her. Bilder dieser Zeit zeigen Mitglieder der Hitler-Jugend auf Wagen, die z. B. ein Schild haben mit den Worten „Von Juda los und Rom, bauen wir den Deutschen Dom". Hier war deutlich gesagt, dass neben den Juden auch die Katholiken keinen Platz im „Dritten Reich" haben sollten. Im Volksmund gab es die Redensart, wenn Hitler sich am „Weihrauch" (an den Katholiken) und dem „Knoblauch" (an den Juden) vergreife, müsse er mit der göttlichen Strafe rechnen.

> *Deutsche Märchen, neuheidnisch gedeutet. Wir sahen uns schon einmal veranlasst, auf jene Hetze hinzuweisen, die Rom und Juda als die volkszersetzenden und daher zu bekämpfenden Kräfte nebeneinanderstellt (vgl. Kirchl. Anz. 1935, S. 79, Nr. 122). Leider scheuen einige nicht mehr davor zurück, auch unsere deutschen Märchen im Sinne dieser Hetze zu deuten. Die in den Märchen vorkommenden guten Gestalten (Schneewittchen, Rotkäppchen, Aschenputtel usw.) werden als die Deutsche Seele oder die Deutsche Jugend hingestellt, die finsteren Mächte aber (Wolf, Hexe usw.) als Bild der volkverderbenden Kräfte Rom und Juda erklärt. So werden z. B. in einer bereits in dritter Auflage vorliegenden Schmähschrift Hänsel und Gretel die Deutsche Jugend genannt, die Hexe ist dort Rom-Juda, das Zuckerbrot des Hexenhauses, mit dem die Kinder angelockt werden, sind die Lockmittel Rom-Judas, nämlich: „Glückshoffnungen, die ewige Seligkeit, Tingeltangel, Schwof oder anderes Internationales"!!! Hänsel im Käfig wird zum Bilde des durch „Kirchen, Dogmen, Bindungen durch Eide, Jahwegesetze, Machtgier*

und Satanismus (sic!) Rom-Judas" gefangenen Deutschen. Der Hexe schließliches Verbrennen ist ein Bild der erhofften Vernichtung Rom-Judas. – Hier wird das Gift in der Form bereitet, in der man es den Seelen der Kinder einträufeln kann. Welche Saat furchtbaren Hasses! Müsste nicht eigentlich jeder gute Deutsche schärfsten Einspruch erheben gegen diese Verschandelung und Sinnfälschung unserer schönen deutschen Märchen? Sollen die Märchen wirklich unserem Volke auf solche Weise geradezu verekelt werden? Wir machen auf die Gefahr aufmerksam, die aus dem Missbrauch der Märchenwelt unseres Volkes der Kindesseele droht, damit die Seelsorger die Eltern und Lehrer umso mehr aneifern, für das Erstarken der Liebe zu Christus und des heiligen Glaubens in unseren Kindern Sorge zu tragen.

1937

Der Kölner Domvikar Josef Teusch († 1974) unterließ in der Zeit des Nationalsozialismus nichts, um die Katholiken über das neue Heidentum aufzuklären. Seine „Katechismuswahrheiten" wurden sehr populär und auch seine Schrift „Versagt die Kirche?" konnte die herrschende Ideologie infrage stellen.

Hintergrund dieser Schrift waren die „Sittlichkeitsprozesse"; die Nazis sahen darin ein willkommenes Mittel, um den katholischen Klerus und die Ordensleute zu verdächtigen.

Der Vorwurf der Gegner: „So sind sie alle." Die neuheidnische Wochenschrift „Die Stimme" schreibt am 19. Juni 1936: „Wir fordern deshalb …: Entmannung sämtlicher katholischer Priester aller Weihen! … Es gibt keinen andern Weg, Deutsche Jugend vor priesterlichem Verbrechertum zu schützen."

Dr. Laros schreibt in seinem Buche „Neue Zeit und alter Glaube" (Freiburg 1936, RM 4.) einen Aufsatz „Göttliches und Allzumenschliches in der Kirche". Dort heißt es auf Seite 6: „Wenn einzelne Bauern – und es waren recht viele in der Kriegs- und Inflationszeit – mit ihren Lebensmitteln wuchern, sagt man dann: Seht, so sind d i e Bauern? Wenn ein Arbeiter betrunken über die Straße torkelt und johlt, denkt dann ein Mensch daran zu sagen: So sind d i e Arbeiter? Oder wenn ein Dienstbote stiehlt oder ein Beamter sich bestechen lässt, schließt man daraus auf alle Dienstboten und Beamten? Und erst recht, wem kommt es in den Sinn, dem Staat den Gehorsam zu verweigern und seine Ordnung zu leugnen, weil einzelne seiner Vertreter Fehler machen oder vielleicht Verbrechen begehen? Wo bleibt da die Konsequenz, ihr Herren? Wollt ihr die Methoden, die ihr gegen die Kirche und ihre Vertreter anwendet, auch auf euch selbst und eure Standesgenossen angewendet wissen? Wenn jemand es tun wollte, dann würdet ihr die elementarste Logik anrufen: „Was können wir für die Fehler anderer?" Ich stimme euch bei. Aber bleibt darin konsequent und wahrt diese Logik auch der Kirche und ihren Dienern gegenüber!"

In der Kirche wird a l l e z e i t Sünde sein, weil sie eben nicht nur aus Engeln, sondern auch aus Menschen, eben nicht nur aus Heiligen, sondern auch aus Sündern besteht. Aber die Kirche wird auch a l l e z e i t h e i l i g e Kirche sein, weil in ihr Jesus Christus lebt, weil Jesus Christus in seinen Gläubigen allezeit das Gutsein bewirken wird. Gibt es nicht auch heute in der Kirche eine große Schar von Märtyrern, in Russland, Spanien und Mexiko, deren Zahl die der römischen Katakombengemeinde bei Weitem überragt? Gibt es nicht auch heute die große Schar jener, die Vater und Mutter, Vaterland und Muttervolk verlassen, um in fernen Ländern das Evangelium Christi zu predigen und „allen alles zu werden"? Gibt es nicht auch heute eine unübersehbare Schar katholischer Väter und Mütter, die täglich neu ihre Pflicht auf sich nehmen und täglich neu ringen um das Gutwerden ihrer Kinder? Gibt es nicht auch heute die unübersehbare Schar katholischer Jungendlicher, die um ihrer Keuschheit willen den Kampf mit Fleisch und Blut aufgenommen haben? Gibt es nicht auch heute Wohltun um Gottes willen? Kreuztragen in der Kraft Christi? Christliche Büßer? Und wenn ich schließlich frage: Gibt es nicht auch heute eine gewaltige Schar von P r i e s t e r n, die bis zum Letzten zum Einsatz für Christus bereit sind, so frage ich das, weil ich auf etwas hinweisen will, was mich als Priester mit Stolz erfüllt, nachdem ich so manches im Vorhergehenden habe sagen müssen, was mir als einem Glied des Priesterstandes wahrlich nicht leicht geworden ist zu sagen: **In einem einzigen Lande, nämlich in Spanien, kommen auf jedes Ordensmitglied, das in Deutschland wegen Sittlichkeitsverfehlungen ins Gefängnis oder Zuchthaus muss, vielleicht zehn, die um ihres Glaubens willen im letzten Jahre in den Tod gegangen sind. Und auf jeden Priester, der in Deutschland wegen Sittlichkeitsverfehlungen im Zusammenhang mit den schwebenden Prozessen bestraft worden ist, kommen allein in Spanien wenigstens einhundert, die um ihres Glaubens willen in den Tod gegangen sind. Und zwar nicht nur so, dass sie einfach erschlagen wurden, weil sie katholische Priester waren, sondern oft so, dass sie die Wahl hatten, durch einen Verrat an Christus das Leben zu retten.**

Was aber hindert uns gläubige katholische Christen, von dem Einhundert Märtyrerpriester mehr zu sprechen als von dem Einen

sündigen Priester?! **Wir sind Kirche der Heiligen, auch heute!**
Nicht um u n s zu loben, schreibe ich das, sondern um das Leben Christi zu preisen, das in uns lebt und in uns das Gutsein bewirkt!

1945

Nach dem Ende des „Dritten Reiches", das in Schutt und Asche endete, nahm Papst Pius XII. ausführlich Stellung zu seiner Kirchenpolitik gegenüber den Nationalsozialisten.

In den sechziger Jahren sollte Rolf Hochhuth mit seinem Theaterstück „Der Stellvertreter" für eine lange Diskussion über das Verhalten der Kirche gegenüber dem „Dritten Reich" sorgen. Indessen ist der Vorwurf, der Papst habe geschwiegen und sei so mitschuldig am „Holocaust" abwegig. Keine andere Institution hat den Nationalsozialismus in seiner Gefahr so deutlich entlarvt wie die katholische Kirche – bereits schon die Enzyklika „Mit brennender Sorge" von Papst Pius XI. hätte eigentlich auch die politischen Kräfte aufwecken können und müssen.

Aber die „Kirche" hat keine Waffen, sondern sie kann nur an die Gewissen der Menschen appellieren – wenn jemand sich aus nichts „ein Gewissen macht", dann steht die Kirche machtlos vor der Geschichte da, aber vor Gott, dem Herrn aller Geschichte, gerechtfertigt.

Papst Pius XII. kommt hier so ausführlich zu Wort, weil er immer wieder in bestimmten Medien verleumdet wird.

Kirche und Nationalsozialismus

In Europa ist der Krieg zu Ende; aber welche Wunden hat er geschlagen! Der göttliche Meister hatte gesagt: Alle, die ungerecht zum Schwerte greifen, werden durch das Schwert umkommen (vgl. Mt 26,52). Und jetzt, was seht ihr?

Ihr sehet die Hinterlassenschaft eines Staatsbegriffs und einer staatlichen Betätigung, die den heiligsten Gefühlen der Menschlichkeit in keiner Weise Rechnung trägt und die unverletzlichen Grundsätze des christlichen Glaubens mit Füßen tritt. Entsetzt betrachtet heute die ganze Welt den Zusammenbruch, der daraus erwachsen ist. Diesen Zusammenbruch hatten Wir von ferne kommen sehen, und wohl nur sehr wenige haben mit größerer seelischer Spannung als Wir die unaufhaltsam fortschreitende Entwicklung der Ereignisse bis zum unvermeidlichen Falle verfolgt.

Mehr als zwölf der besten Jahre Unseres reiferen Alters hatten Wir in Ausübung des Uns anvertrauten Amtes inmitten des deutschen Volkes gelebt. Mit der Freiheit, welche die damaligen politischen und sozialen Verhältnisse boten, bemühten Wir Uns in dieser Zeit um die Sicherung der Lage der katholischen Kirche in Deutschland. So hatten Wir Gelegenheit, die hervorragenden Eigenschaften jenes Volkes kennenzulernen, und Wir standen in persönlichen Beziehungen mit seinen besten Vertretern. Deshalb hegen Wir auch die Zuversicht, dass es sich wieder zu neuer Würde und zu neuem Leben wird erheben können, nachdem es das satanische Gespenst des Nationalsozialismus von sich geworfen und nachdem die Schuldigen (wie Wir schon bei anderen Gelegenheiten ausgeführt haben) ihre begangenen Verbrechen werden gesühnt haben.

Solange noch nicht jeder Hoffnungsschimmer geschwunden war, dass jene Bewegung eine andere und weniger verderbliche Richtung einschlagen könnte – sei es durch Einlenken ihrer gemäßigteren Vertreter, sei es durch tatkräftigen Widerstand des nicht einverstandenen Teiles des deutschen Volkes –, solange tat die Kirche, was in ihrer Macht lag, um dem Überhandnehmen jener ebenso zerstörerischen wie gewalttätigen Lehren einen starken Damm entgegenzusetzen.

Im Frühjahr 1933 ersuchte die deutsche Regierung den Heiligen Stuhl um den Abschluss eines Konkordats mit dem Reich. Der Gedanke fand die Zustimmung auch des Episkopats und wenigstens des größeren Teiles der deutschen Katholiken. Tatsächlich schienen weder die mit einzelnen Ländern bereits abgeschlossenen Sonderkonkordate noch die Weimarer Verfassung ihnen genügend Sicherung und Gewähr zu bieten für die Achtung ihrer Überzeugungen, ihres Glaubens, ihrer Rechte und ihrer Betätigungsfreiheit. Unter solchen Umständen konnten diese Sicherungen nur erreicht werden durch eine Abmachung mit der Reichsregierung in der feierlichen Form eines Konkordats. Da zudem sie selbst den Vorschlag gemacht hatte, wäre im Falle der Ablehnung die Verantwortung für alle üblen Folgen auf den Heiligen Stuhl zurückgefallen.

Nicht als ob die Kirche ihrerseits sich von übertriebenen Hoffnungen hätte täuschen lassen, auch nicht, als ob sie mit Abschluss des Konkordats die Lehre und die Ziele des Nationalsozialismus irgendwie hätte gutheißen wollen, wie damals ausdrücklich erklärt und dargelegt wurde (vgl. Osservatore Romano Nr. 174 vom 2. Juli 1933). Immerhin muss man zugeben, dass das Konkordat in den folgenden Jahren verschiedene Vorteile brachte oder wenigstens größeres Unheil verhütete. Trotz aller Verletzungen, denen es ausgesetzt war, ließ das Konkordat tatsächlich den Katholiken doch eine rechtliche Verteidigungsgrundlage, eine Stellung, in der sie sich verschanzen konnten, um von da aus, solange es ihnen möglich war, der ständig steigenden Flut der religiösen Verfolgung sich zu erwehren.

Tatsächlich hat sich der Kampf gegen die Kirche immer mehr verschärft: Zerstörung der katholischen Organisationen, fortschreitende Auflösung der blühenden öffentlichen und privaten katholischen

Schulen, gewaltsame Trennung der Jugend von Familie und Kirche, Vergewaltigung der Gewissen der Staatsbürger, besonders der Beamten, systematische Verleumdung der Kirche, des Klerus, der Gläubigen, ihrer Einrichtungen, ihrer Lehre, ihrer Geschichte durch eine verschlagen und straff aufgebaute Propaganda, Schließung, Aufhebung, Einziehung von Ordenshäusern und anderen kirchlichen Instituten. Vernichtung der katholischen Presse und Buchproduktion.

Um diesen Angriffen Widerstand zu leisten, scharten sich immer noch Millionen tapferer Katholiken, Männer und Frauen, um ihre Bischöfe, die es nie unterlassen haben, auch in den letzten Kriegsjahren nicht, mutig und ernst ihre Stimme zu erheben. Sie scharten sich um ihre Priester, denen sie halfen, die Seelsorge den veränderten Notwendigkeiten und Verhältnissen anzupassen, und bis zum Letzten stellten sie in zäher Geduld der Front der Gottlosigkeit und des Stolzes die Front des Glaubens, des Gebetes, der bewusst katholischen Lebenshaltung und Erziehung entgegen.

Inzwischen vervielfachte der Heilige Stuhl seinerseits ohne Zögern bei der deutschen Regierung seine Vorstellungen und seine Einsprüche, indem er nachdrücklich und klar sie auf die Achtung und Einhaltung der schon aus dem Naturrecht sich ergebenden und durch das Konkordat bekräftigten Pflichten hinwies. Die wache Aufmerksamkeit des Hirten mit der geduldigen Langmut des Vaters vereinend, erfüllte Unser großer Vorgänger Pius XI. in jenen kritischen Jahren mit Kraft und Unerschrockenheit seine Sendung als Haupt der Kirche.

Als dann aber alle Versuche gütlicher Vermittlung erfolglos blieben und er sich mit voller Klarheit überlegten Verletzungen eines feierlichen Vertrags sowie einer schleichenden oder offenen, aber stets hartnäckig geführten religiösen Verfolgung gegenübersah, enthüllte er am Passionssonntag 1937 in seiner Enzyklika „Mit brennender Sorge" vor aller Welt, was der Nationalsozialismus in Wirklichkeit war: der hochmütige Abfall von Jesus Christus, die Verneinung seiner Lehre und seines Erlösungswerks, der Kult der Gewalt, die Vergötzung von Rasse und Blut, die Unterdrückung der menschlichen Freiheit und Würde.

Wie ein Trompetenstoß, der das Zeichen zum Alarm gibt, weckte das kraftvolle päpstliche Dokument – zu kraftvoll dachte damals mehr als einer – die Geister und Herzen.

Viele – auch außerhalb Deutschlands –, die bis dahin von der Unverträglichkeit der nationalsozialistischen Weltanschauung mit der christlichen Lehre die Augen geschlossen hatten, mussten jetzt ihren Irrtum erkennen und bekennen.

Viele, aber nicht alle! Andere, selbst in den Reihen der Gläubigen, waren zu sehr durch Vorurteile verblendet oder durch die Hoffnung auf politische Vorteile verführt. Die von Unserem Vorgänger aufgezeigte Augenscheinlichkeit der Tatsachen vermochte sie nicht zu überzeugen und noch weniger sie zu einer anderen Haltung zu bringen. Ist es vielleicht ein reiner Zufall, dass gewisse Gebiete, die dann vom nationalsozialistischen System besonders hart getroffen wurden, ausgerechnet jene waren, wo die Enzyklika „Mit brennender Sorge" wenig oder gar kein Gehör fand? Wäre es damals noch möglich gewesen, durch geeignete und rechtzeitige politische Vorbeugungsmaßnahmen ein für allemal den Ausbruch der brutalen Gewalt zu verhindern und das deutsche Volk in die Lage zu versetzen, sich von den es umstrickenden Banden freizumachen? Wäre es möglich gewesen, auf solche Weise Europa und der Welt den Einbruch dieser blutigen unermesslichen Flut zu ersparen? Niemand wird wagen, hier ein si-

cheres Urteil zu fällen. Jedenfalls aber könnte niemand der Kirche den Vorwurf machen, sie habe nicht rechtzeitig den wahren Charakter der nationalsozialistischen Bewegung und die Gefahr, der sie die christliche Kultur aussetzte, klar aufgezeigt.

„Wer die Rasse oder das Volk oder den Staat oder die Staatsform, die Träger der Staatsgewalt oder andere Grundwerte menschlicher Gemeinschaftsgestaltung ... zur höchsten Norm aller, auch der religiösen Werte macht und sie mit Götzenkult vergöttert, der verkehrt und fälscht die gottgeschaffene und gottbefohlene Ordnung der Dinge" (Acta Apost. Sedis, Band 29, 1937, S. 149 und 171).

In diesem Satz der Enzyklika gipfelt der aufs Letzte gehende Widerstreit zwischen dem nationalsozialistischen Staat und der katholischen Kirche. Wo es so weit gekommen war, konnte die Kirche, ohne ihrer Sendung untreu zu werden, nicht länger darauf verzichten, vor der ganzen Welt Stellung zu nehmen. Durch ihre Tat wurde sie jedoch ein weiteres Mal zum „Zeichen des Widerspruchs" (Lk 2,34), indem sich die Geister in zwei entgegen gesetzte Kampflager schieden.

Die deutschen Katholiken anerkannten soviel wie einmütig, dass die Enzyklika „Mit brennender Sorge" Licht, Führung, Trost und Stärkung gebracht habe für alle, welche die christliche Religion ernst nahmen und folgerichtig in die Tat umsetzten. Es konnte indessen der Gegenstoß vonseiten der Betroffenen nicht ausbleiben. Tatsächlich war gerade das Jahr 1937 für die katholische Kirche in Deutschland ein Jahr unsagbarer Bitternisse und furchtbarer Stürme.

Die großen politischen Ereignisse, welche die beiden folgenden Jahre kennzeichneten, und dann der Krieg, verminderten in keiner Weise die Feindseligkeit des Nationalsozialismus gegenüber der Kirche, eine Feindseligkeit, die sich bis in diese letzten Monate hinein offenbarte, solange nämlich seine Anhänger sich noch schmeichelten, sofort nach errungenem Waffensiege für immer auch mit der Kirche fertig werden zu können. Glaubwürdige und unwiderlegliche Zeugnisse hielten Uns auf dem Laufenden über diese Pläne, die sich übrigens auch von selbst enthüllten durch wiederholtes und immer bösartigeres Vorgehen gegen die katholische Kirche in Österreich, in Elsass- Lothringen und vor allem in den Gebieten Polens, die schon während des Krieges dem Altreich eingegliedert worden waren. Alles wurde dort getroffen und vernichtet, alles, was der äußeren Gewalt erreichbar war.

In Fortsetzung der Tätigkeit Unseres Vorgängers haben Wir selbst während des Krieges nicht nachgelassen, vor allem in Unseren Botschaften, der verderblichen und unerbittlichen Anwendung der nationalsozialistischen Lehre, die sich sogar die raffiniertesten wissenschaftlichen Methoden nutzbar machte, um oft genug schuldlose Menschen zu quälen und auszumerzen, die Forderungen und unverbrüchlichen Normen der Menschlichkeit und des christlichen Glaubens entgegenzusetzen. Es war dies für Uns der geeignetste, und Wir können sogar sagen, auch der einzig wirksame Weg, um vor der ganzen Welt die unveränderlichen Grundsätze des moralischen Gesetzes zu verkünden und um inmitten von so vielen Irrtümern und so vielen Gewalttätigkeiten Geist und Herz der deutschen Katholiken in den hohen Idealen der Wahrheit und der Gerechtigkeit zu bestärken. Diese Bemühungen blieben auch nicht ohne Erfolg. Wir wissen tatsächlich, dass Unsere Botschaften, vor allem die Weihnachtsbotschaft von 1942, trotz aller Verbote und Hindernisse in den Diözesankonferenzen des deutschen Klerus zum Gegenstand des Studiums gemacht und dann dem katholischen Volke dargelegt und erklärt wurden.

Aber wenn die leitenden Männer in Deutschland geplant hatten, die katholische Kirche auch im Altreich zu vernichten, so hatte die Vorsehung es anders bestimmt. Die Drangsale der Kirche vonseiten des Nationalsozialismus haben mit dem plötzlichen und tragischen Ende des Verfolgers ihren Abschluss gefunden!

Aus den Gefängnissen, aus den Konzentrationslagern, aus den Zuchthäusern strömen jetzt zusammen mit den politischen Gefangenen auch die Scharen von Priestern und Laien, deren einziges Vergehen in der Treue zu Christus und zum Glauben der Väter oder in der mutigen Erfüllung der priesterlichen Pflichten bestand. Für sie alle haben Wir innig gebetet und jede sich bietende Möglichkeit eifrig benutzt, um ihnen Unser tröstendes Wort und den Segen aus väterlichem Herzen zukommen zu lassen.

Je mehr sich tatsächlich die Schleier lüften, die bisher den schmerzvollen Leidensweg der Kirche unter der nationalsozialistischen Herrschaft verdeckten, umso mehr offenbart sich die oft bis zum Tode unverbrüchliche Festigkeit ungezählter Katholiken und der ruhmvolle Anteil, den in diesem edlen Wettkampf der Klerus gehabt hat. – Wiewohl Wir noch nicht im Besitz erschöpfender statistischer Angaben sind, können Wir doch nicht umhin, die eine oder andere Mitteilung zu machen. Sie sind uns reichlich zugegangen von Priestern und Laien, die als Internierte im Lager Dachau gewürdigt wurden, um des Namens Jesu willen Schmach zu dulden (Apg 5,41).

An erster Stelle stehen der Zahl und harten Behandlung nach die polnischen Priester. Von 1940 bis 1945 wurden in dem angegebenen Lager 2800 Geistliche und Ordensleute jener Nationalität gefangen gesetzt, unter ihnen der Weihbischof von Wladislavia, der dort an Typhus gestorben ist. Im vergangenen April waren davon nur noch 816 übrig, während alle anderen gestorben sind mit Ausnahme von zwei *oder drei in andere Lager Überführten. Für Sommer 1942 wurden als dort eingebracht 480 Kultdiener deutscher Zunge angegeben, von denen 45 Protestanten und alle anderen katholische Priester waren. Trotz des ständigen Zugangs von neuen Internierten, besonders aus einigen Diözesen Bayerns, des Rheinlands und Westfalens, war ihre Zahl infolge der starken Sterblichkeit zu Beginn dieses Jahres nicht über 350. Es können auch nicht mit Stillschweigen die Geistlichen übergangen werden, die besetzten Ländern angehören: Holland, Belgien, Frankreich (unter den französischen Priestern der Bischof von Clermont), Luxemburg, Slowenien, Italien. Viele von diesen Priestern und Laien haben um ihres Glaubens und ihres Berufes willen unsägliche Leiden erduldet. In einem Falle ging der Hass der Gottlosen gegen Christus so weit, dass sie an einem internierten Priester mit Stacheldraht die Geißelung und Dornenkrönung unseres Herrn nachgeäfft haben. Die hochherzigen Menschen, die zwölf Jahre hindurch, von 1933 an, in Deutschland für Christus und seine Kirche das Opfer des persönlichen Besitzes, der persönlichen Freiheit und des eigenen Lebens gebracht haben, erheben zur Sühne ihre Hände zu Gott. Möge der gerechte Richter sie annehmen zur Wiedergutmachung so vieler Verbrechen, die gleicherweise gegen die Menschheit wie zum Schaden der Gegenwart und Zukunft des eigenen Volkes, besonders seiner unglücklichen Jugend, begangen wurden, und möge auf sein Geheiß hin der Würgengel endlich den Arm sinken lassen.*

Mit stets wachsendem Nachdruck hat der Nationalsozialismus die Kirche als Feindin des deutschen Volkes anprangern wollen. Die offenbare Ungerechtigkeit der Anklage würde die Gefühle der deutschen Katholiken wie auch Unsere eigenen zutiefst verletzt haben, wenn sie aus anderem Munde gekommen wäre. Aber auf den Lippen solcher

Ankläger ist sie weit davon entfernt, eine Belastung zu sein. Sie ist vielmehr das glänzendste und ehrenvollste Zeugnis des entschlossenen, dauernden, von der Kirche getragenen Widerstandes gegen solch zerstörerische Lehren und Methoden, zum Wohl der wahren Kultur und des deutschen Volkes selbst, dem Wir wünschen, dass es nach der Befreiung aus dem Irrtum, der es in den Abgrund gestürzt hat, sein Heil wiederfinden möge an den reinen Quellen des wahren Friedens und des wahren Glückes, an den Quellen der Wahrheit, der Demut und der Liebe, die mit der Kirche aus dem Herzen Christi hervorgeströmt sind.

1949

Der Kommunismus ergreift die Macht in China. Dort lebt ein Fünftel der Menschheit. Die Kirche muss in die Katakomben und lebt dort weiter.

1950

Papst Pius XII. verkündet das Dogma von der leiblichen Aufnahme Mariens in den Himmel. Die Zeit des Antipersonalismus, ausgeprägt durch Nationalsozialismus und Kommunismus, wird damit geistig überwunden. Allen Menschen steht nun deutlich vor Augen, dass der Mensch mit Leib und Seele in das Reich Gottes eingehen soll – alle Menschen werden damit als gleichwertig vor Gott anerkannt, unabhängig von Rasse oder Klasse.

1958

Der sel. Angelo Guiseppe Roncalli wird zum Papst gewählt und nimmt den Namen Johannes XXIII. an. Er hatte im 2. Weltkrieg als Gesandter des Papstes in den Balkanländern vielen Juden Schutz geboten. Er eröffnete am 11. Oktober 1962 das II. Vatikanische Konzil. Bekannt geworden ist sein „Geistliches Tagebuch".

1962–1965
II. Vatikanisches Konzil in Rom. Es behandelt fast das gesamte Spektrum des kirchlichen Lebens und geht auch auf Fragen der Beziehung zwischen Kirche und Welt ein.

Vielleicht ist innerkirchlich die tiefste Wirkung die Reform der Liturgie diese Frage sollte in den Jahrzehnten nach dem Konzil viel Unruhe in die Kirche bringen.

1963–1978
Papst Paul VI. leitet die Kirche in und nach dem Konzil und sieht sich mächtigen „Flügelkämpfen" ausgesetzt.

Er handelte nach dem Motto „Conservare et promovere". Schon gleich nach dem Konzil – 1965 – musste er durch seine Enzyklia „Mysterium Fidei" die katholische Lehre vom Messopfer in Erinnerung rufen; 1968 kam es zu regelrechten Aufständen gegen den Heiligen Vater als er sein Schreiben „Humanae Vitae" über die Geburtenkontrolle herausgab.

Er führte aber zäh und fest den Konzilswillen durch; so, als er 1970 ein erneuertes Missale und 1971 das erneuerte Stundengebet herausgab.

1968
Im Jahr 1968 feierte die Kirche das 1900-jährige Jubiläum der hl. Apostel Petrus und Paulus. In jenen Jahren nach dem II. Vatikanum wurden nicht wenige Glaubenswahrheiten in Zweifel gezogen.

Papst Paul VI. hatte schon 1965 in seiner Enzyklika „Mysterium Fidei" die katholische Lehre von Altarssakrament in Erinnerung rufen müssen. Damals gab es noch keinen verbindlichen Katechismus für die Weltkirche; er sollte erst 1992 erscheinen.

Der Papst fasste deswegen den katholischen Glauben in einem „Credo des Gottesvolkes" zusammen. Wir dokumentieren hier die Ausführungen über das Messopfer.

Später, als 1970 das erneuerte Messbuch erschienen war, wurde dem Papst u. a. vorgeworfen, er habe die katholische Lehre von der Eucharistie verlassen.

Das Pontifikat Papst Pauls VI. muss auch immer mit dem Blick auf das „Credo des Gottesvolkes" betrachtet werden.

> *Wir glauben, dass die heilige Messe, wenn sie vom Priester, der die Person Christi darstellt, kraft der durch das Weihesakrament empfangenen Gewalt, gefeiert und im Namen Jesu Christi und der Glieder seines mystischen Leibes dargebracht wird, das Opfer von Kalvaria ist, das auf unseren Altären sakramental vergegenwärtigt wird. Wir glauben, dass in der Weise, wie Brot und Wein vom Herrn beim heiligen Abendmahl konsekriert und in seinen Leib und in sein Blut verwandelt worden sind, die er für uns am Kreuz geopfert hat, auch Brot und Wein, wenn sie vom Priester konsekriert werden, in den Leib und das Blut Christi verwandelt werden, der glorreich in den Himmel aufgefahren ist, und Wir glauben, dass die geheimnisvolle Gegenwart des Herrn unter dem, was für unsere Sinne in derselben Weise wie vorher fortzubestehen erscheint, eine wahre wirkliche und wesentliche Gegenwart ist.*
>
> *Christus kann in diesem Sakrament nicht anders gegenwärtig sein als durch die Verwandlung der Substanz des Brotes in seinen Leib und*

der Verwandlung der Substanz des Weines in sein Blut; dabei bleiben die Gestalten von Brot und Wein, wie sie unsere Sinne wahrnehmen, unverändert erhalten. Diese geheimnisvolle Verwandlung nennt die Kirche auf sehr treffende Weise Transsubstantiation.

Jede theologische Erklärung, die sich um das Verständnis dieses Geheimnisses bemüht, muss, um mit unserem Glauben übereinstimmen zu können, daran festhalten, dass Brot und Wein der Substanz nach, unabhängig von unserem Denken, nach der Konsekration zu bestehen aufgehört haben, sodass nunmehr der anbetungswürdige Leib und das anbetungswürdige Blut unseres Herrn vor uns gegenwärtig sind unter den sakramentalen Gestalten von Brot und Wein; so hat es der Herr gewollt, um sich uns zur Speise zu geben und uns einzugliedern in die Einheit seines mystischen Leibes.

Die alleinige und unteilbare Daseinsweise des verklärten Herrn im Himmel wird damit keineswegs vervielfältigt; sie ist durch das Sakrament vergegenwärtigt an den vielen Orten der Erde, wo das Messopfer dargebracht wird. Hier haben wir jenes „Geheimnis des Glaubens" und der eucharistischen Fülle, das wir ohne Einschränkung annehmen müssen. Diese Gegenwart bleibt nach dem Opfer im Sakrament fortbestehen, das im Tabernakel aufbewahrt wird, der die Herzmitte unserer Kirchen ist. Es ist Uns eine heilige Pflicht, das fleischgewordene Wort, das unsere Augen nicht erblicken können und das, ohne den Himmel zu verlassen, sich uns vergegenwärtigt, in der heiligen Hostie, die unsere Augen sehen können, anzubeten und zu verehren.

Die Kirchenkrise, die nach dem Konzil in Deutschland zu verspüren war, war der Anlass für die Sorge vieler Theologen. Der weltbekannte

Bonner Kirchenhistoriker Hubert Jedin (1900–1980) machte mit einem Freund Vorschläge, wie die Krise überwunden werden könne.

Die Anmerkungen der Wissenschaftler sind sträflich vernachlässigt worden, wie die weiteren Jahre überdeutlich gezeigt haben.

Einige konkrete Beispiele mögen verdeutlichen, wie wir uns dieses „Handeln" vorstellen.

1. Den Hochschulprofessoren und Religionslehrern, die eindeutig Glaubensirrtümer lehren, ist die kanonische Missio zu entziehen; daraus entstehende Konflikte mit den staatlichen Behörden und den „linken" Pressionsgruppen müssen in Kauf genommen werden.

Pfarrer und Kapläne, die in der Lehre oder durch ihr Verhalten (z. B. gegenüber der hl. Eucharistie) in offenen Gegensatz zur kirchlichen Disziplin treten, sind zu suspendieren, auch wenn dadurch vorübergehend schwere Lücken in der Seelsorge entstehen.

Man darf sich nicht davor fürchten, „Martyrer" zu machen; man muss Exempel statuieren – wobei aber dafür zu sorgen wäre, dass den davon Betroffenen der Übergang in einen weltlichen Beruf durch angemessene Hilfestellung erleichtert wird.

2. Kein Priesteramtskandidat darf geweiht werden, wenn er sich nicht ausdrücklich und vorbehaltlos zu den Pflichten des Priestertums bekennt und den kanonischen Gehorsam übernimmt. Vor allem sind die Autoren von Erklärungen gegen den Zölibat, gegen päpstliche oder bischöfliche Lehrschreiben, die Anstifter von Revolten und Erpressungen in Konvikten und Priesterseminaren von der Weihe auszuschließen.

Es ist besser, viel weniger Priester zu haben und vakante Gemeinden durch Weihe älterer, verheirateter Männer zum Diakon notdürftig und behelfsmäßig zu versorgen, als Gemeinden durch aufsässige oder demagogische Priester in die Irre zu führen.

3. Der Ausbildung der „Laientheologen" muss weit größere Aufmerksamkeit geschenkt und die Erteilung der Missio canonica an sie sorgfältiger gehandhabt werden. Ein Teil von ihnen inspiriert die kirchliche „Linke" und fördert – bewusst oder unbewusst – die Unsicherheit und Unklarheit des Glaubens.

4. Dem gesamten Klerus muss eingeschärft werden, dass Liturgie nicht freie „Gestaltung" einer Gemeindeversammlung, sondern von der Kirche geordneter Dienst Gottes ist. Der Wildwuchs in der Liturgie geht schon so weit, dass sogar die Konsekrationsworte von einzelnen Klerikern eigenmächtig geändert werden. Die lateinische Messe, Band der Einheit der Universalkirche, darf im Zeitalter der „einen Welt" nicht untergehen. In jeder Kirche mit mehreren Sonntagsgottesdiensten sollte regelmäßig einer lateinisch bleiben. Er wird, wie Erfahrungen zeigen, gut besucht sein.

5. In lehramtlicher Form müssen Schlagworte wie „Demokratisierung der Kirche" oder „kritischer Katholizismus" u. Ä. wegen der in ihnen mitschwingenden Irrtümer über das Wesen der Kirche zurückgewiesen und die Lehre von der Kirche auf der Grundlage der Konstitution „Lumen gentium" eingeschärft werden. Die herkömmlichen Prinzipien „Subsidiarität" und „Solidarität" genügen vollauf, um die Mitwirkung der Laien an der Verwirklichung des apostolischen Auftrags sicherzustellen. Man darf sich nicht fürchten, die Begriffe „Autorität" und „Gehorsam" im Vokabular der Kirche zu belassen.

6. Die nicht auf ein recht verstandenes „aggiornamento", sondern wie im 16. Jahrhundert auf eine Revolution der Kirche hin tendierende Bewegung ist vermutlich, jedenfalls im Augenblick, weniger organisiert, als mancher vermuten oder befürchten möchte. Es lässt sich aber nicht der begründete Eindruck abweisen, dass diese revolutionäre Bewegung im Bereich des Katholizismus über Organisationskerne verfügt. In diesem Zusammenhang wäre ohne Engherzigkeit, aber auch ohne Illusionen zu überprüfen, welche Funktion die katholischen Studentengemeinden haben, ggf. wäre unverzüglich einzuschreiten: besser Abschaffung der Studentengemeinden und Rückkehr zu Beauftragung einzelner Studentenseelsorger wie vor Jahrzehnten als Förderung der Zersetzung des Kirchlichen.

Das Gleiche gilt für den BDKJ und die Auswahl der Diözesan- und Dekanats-Jugendseelsorger.

7. Schließlich ist nicht zu übersehen, dass die Radio- und Fernsehanstalten – einschließlich des Kirchenfunks – mit wenigen Ausnahmen „links" orientiert sind. Deren Diktatur zu brechen, wird nicht von heute auf morgen möglich sein; dennoch gilt es, hier auf längere Sicht wohlbedachten Einfluss zu nehmen und vor allem nicht sich mit einmaliger personalpolitischer Entscheidung zu begnügen, sondern mit den Publizisten und Journalisten ständig durch qualifizierte kirchliche Beauftragte Kontakt zu halten.

8. Der auf dem Essener Katholikentag erhobenen Forderung nach „Demokratisierung" der Kirchenblätter darf nicht entsprochen werden; denn damit würde der letzte Rest einer nicht von der kirchlichen „Linken" beherrschten Presse fallen und die einzig noch vorhandene Möglichkeit einer Information der Gäubigen durch die kirchlichen Autoritäten außerhalb des kirchlichen Raumes verloren gehen …

Bei den vorstehenden, von uns gezogenen Parallelen und den daraus exemplarisch abgeleiteten Vorschlägen haben wir durchaus berücksichtigt, dass in der kirchlichen Bewegung der Gegenwart auch starke religiöse Antriebe vorhanden sind – nicht anders als in der von Luther entfachten Bewegung des 16. Jahrhunderts. Für beide gilt das Wort des hl. Augustinus: „Nulla porro falsa doctrina est, quae non aliqua vera intermisceat" (Quaest. ev. II 40). Wir sind aber davon überzeugt, dass das Wahre und Gute, das in dem neuen Aufbruch der Kirche auf dem Konzil und durch das Konzil zutage getreten ist, nur dann fruchtbar werden kann, wenn es vom Irrtum getrennt wird.

Je länger der schmerzhafte Schnitt hinausgeschoben wird, desto größer wird die Gefahr, dass wertvolle Kräfte, weil mit dem Irrtum amalgamiert, verloren gehen und dann nicht nur Abspaltung von der Kirche, sondern Abfall vom Christentum sich bei uns ereignen.

Je klarer die Bischöfe sprechen, je entschiedener sie handeln, umso größer ist die Chance, die Aufbruchsbewegung innerhalb der Kirche zu halten und damit der Kirche zu erhalten.

16. September 1968

1969

In den Jahren nach dem II. Vatikanum legten außergewöhnlich viele Priester ihr Amt nieder und heirateten. 1965, als das Konzil zu Ende war, legten 579 Priester weltweit ihr Amt nieder. 1969 stieg die Zahl der Laisierungsanträge auf 1780 und blieb für die nächsten Jahre auf diesem hohen Niveau.

Die Zahl der Priester- und Ordensberufe nahm stetig ab. In der Theologie stritt man sich um die Frage, ob es einen „character indelebilis" des Priesters gibt, also um die Frage, ob man den Priester nicht "auf Zeit" einsetzen könne.

Aus den vielen „Fällen" kann hier nur ein Beispiel herausgegriffen werden – ein Priester, der seine Freundin heiraten möchte, teilt dies der Mutter mit. Der Briefwechsel zwischen Priestersohn und Priestermutter zeigt etwas von den Stimmungen in der damaligen Lage der Kirche.

„Liebe Mama!

Ich bete schon seit einem Jahr für Dich und ich werde es weiter tun, damit Du verstehst oder wenigstens zu verstehen versuchst, was ich Dir heute schreibe. Ehrlich gesagt habe ich vor diesem Brief Angst, mehr als vor meinem Bischof und vor meinem Generalvikar. Aber Du musst zu verstehen versuchen, dass Dein erwachsener Sohn vor seinem Gott und Gewissen alleine bestehen können muss und dass Du ihm nichts abnehmen kannst.

Ich habe nach langem Überlegen und Beten eine Entscheidung gefällt. Ich habe mich vor meinem toten Vater geprüft. Er wird mich heute besser verstehen als damals, als er noch lebte. Du bist doch meine Mutter und Du kannst nicht härter sein als fremde Menschen. Du wirst zu mir stehen, weil ich Dich und Dein Verständnis in Zukunft nötiger habe als in der Vergangenheit. Du hast schon oft gesagt, dass Du mich liebst. Was nützt mir und Dir, was die Leute von uns denken. Maßgeblich ist, was Gott von uns denkt.

Ist es denn nicht möglich, dass wir über diese Härte hinweg zusammenhelfen wie früher?

Ich werde am 2.1.1969 von G gehen. Ich bin offiziell zum Studium beurlaubt. Ich werde mir in einigen Jahren eine neue Existenz aufbauen. Brigitta wird arbeiten und finanziell zu meinem Studium und unserem Lebensunterhalt beitragen. Wir werden in S wohnen, und von dort fahre ich täglich zur Hochschule. In der Zwischenzeit müssen wir auf die Dispens zum Heiraten warten. Ich kann dann kirchlich getraut werden. Das kann aber eine Weile dauern, und was für Dich sehr wichtig ist, will ich Dir auch mitteilen: Ich darf wieder zu meinem Amte zurück, wenn die Zeit gekommen ist.

Viele Leute sind sehr verständnisvoll für uns. Kannst nicht auch

Du so sein? Du müsstest mir als Mutter doch am nächsten stehen. Brigittas Mutter fällt es auch nicht leicht. Aber sie will uns das Leben nicht noch schwerer machen. Sie will uns helfen, wo sie kann. Ich bitte Dich um Dein Verständnis, weil ich doch nichts verbrochen habe. In dieser Frage denken die meisten Menschen anders als früher. Wenn ich wie alle heiraten will, dann ist das doch das Natürlichste von der Welt. Und überall stehen doch die Mütter zu ihren Kindern. Du kannst mich nicht verstoßen, weil Du eine Mutterliebe hast. Ich werde Dir auch alles mündlich erklären. Du hast auf Deiner Karte geschrieben, dass Du mich liebst. Ich wünschte, Du könntest es jetzt auch noch. Aber wenn Du mich nicht mehr liebst, ich liebe Dich trotzdem."

Antwort der Mutter:

"Mit meinen letzten Kräften schreibe ich Dir diesen Brief. Ich weine so lange, bis das Ende da ist. Du schreibst von Mutterliebe. Ist das eine Liebe zur Mutter, wenn Du mir ein so schweres Kreuz zu tragen gibst? Kannst Du das vor Deinem Herrgott verantworten? Ich bitte Dich, kehre um, jetzt kannst Du es noch! Stell Dir das Heiraten nicht so rosig vor! Es kommt ja doch nicht so, wie man es meint. Es kommt immer anders. Mach Dir selbst kein schweres Kreuz! Wie stellst Du Dir alles so leicht vor: das Studium! Warum sollst Du noch einmal studieren? Haben 14 Jahre nicht gereicht? Und Brigitta soll zum Studium beitragen? Was würde das für ein Leben! Die einen Sachen da, die anderen dort. Und das Hin- und Herfahren zur Wohnung. Eine richtige Wohnung kannst Du Dir gar nicht leisten. Es gibt auch noch andere Kosten. Und wie stellst Du es Dir mit dem Heiraten, mit der Ehe und Kindern vor? Dieses Eheleben fällt auf Dich und

Deine Kinder zurück. Vor Gott und der Welt bist Du kein richtiger Mensch mehr. Und zuletzt machst Du und Brigitta Euch Vorwürfe. Du warst einmal geliebt und geehrt. Hast Dein Amt gut gemacht. Auch hast Du Dir den Priesterstand selbst ausgewählt. Du könntest niemals mehr zurück zu Deinem Amt. – Der Herrgott verzeiht dem größten Sünder. Und wenn Du auch dieses gemacht hast, so kann Dir die Mutter immer wieder alles verzeihen. Tu es auch Deinem Vater nicht an. Jetzt, da er die Augen für immer zugemacht hat und nichts mehr sagen kann. Und warum sollst Du bei fremden Leuten Trost finden? Deinen Frieden findest Du nur bei Deiner Mutter und bei Deinem Herrgott.

Ich kann seit Deiner Nachricht nichts mehr essen. Fünf Tage schreibe ich schon an diesem Brief. Was hätte ich sonst noch als Dich? Antworte gleich wieder, damit Du nicht zu spät kommst und ich Dich noch wiedersehe! Es grüßt Dich herzlich Deine Mutter."

1977

Erzbischof Marcel Lefèbvre veröffentlicht sein Buch „Ich klage das Konzil an". Er sah durch das II. Vatikanum die Lehre der Kirche aufgeweicht, so z. B. die Lehre von der einen Kirche und ihrem Verhältnis zum Ökumenismus. Auch das Dekret über die Religionsfreiheit kritisierte er heftig und das erneuerte Messbuch von 1970 lehnte er als häretisch ab.

1978

Albino Luciani, Patriarch von Venedig, wurde im Sommer 1978 zum Papst gewählt. Er starb nach wenigen Wochen und doch bleibt er als „Papst mit dem menschlichen Antlitz" in Erinnerung.

So zugänglich der Papst für die Probleme und Sorgen der Menschen gewesen ist, er sah doch sehr deutlich den Glaubensverlust vieler Zeitgenossen. Noch als Bischof legte er seinen Priestern ans Herz, nicht den eigenen „Glauben" zu verkünden, sondern die Lehre der Kirche Christi weiterzugeben.

Luciani war ein guter Katechet; der folgende Text zeigt seine Fähigkeit, einen komplizierten Sachverhalt mittels eines Beispiels für jedermann verständlich darzustellen.

> *Ein starker und fester Glaube wird immer mehr abhandenkommen, wenn die Priester und Katecheten nicht mehr Sicherheit ausstrahlen, wenn sie nicht, statt einen immer mehr um sich greifenden Laxismus nachsichtig zu tolerieren, wieder an die Wahrheiten von Sünde, Gericht und Hölle erinnern und den Kindern, Jugendlichen und Erwachsenen mehr Selbstüberwindung und Verzicht ans Herz legen.*
>
> *Es ist erwiesen, dass der Laxismus in der Kirche zu Müdigkeit, Misstrauen und Gleichgültigkeit führt. Die entschlossene Hinwendung zu den großen Glaubenswahrheiten wirkt hingegen belebend. Der Sakristan einer großen Kirche in Deutschland antwortete einmal auf die Frage, warum diese Kirche, die doch früher einmal stets voll war mit Gläubigen, heute beim Gottesdienst fast leer sei: „Zuerst kam ein Pastor aus Greifswald und sagte: ‚Jesus war der Sohn Gottes.' Dann kam einer aus Rostock und sagte: ‚Jesus war nur ein Mensch.' Schließlich kam einer aus Tübingen und sagte: ‚Jesus hat gar nie existiert.' Daraufhin haben sich die Leute gesagt: ‚Wenn sich schon die Pastoren untereinander nicht einig sind, was man glauben muss, dann bleiben wir lieber zu Hause.'"*
>
> *Kein Sakristan in Italien hat es hoffentlich notwendig, zu solch resignierenden Erklärungen zu greifen. Gott sei Dank sind unsere*

Kirchen noch voll mit vielen überzeugten Gläubigen, und jeder Sakristan könnte vor die Leute hintreten und sagen: „Bei uns verkünden die Priester nicht ihre persönlichen Ansichten, sondern die volle und authentische Lehre der Kirche."

1978–2005

Mit der Wahl des Erzbischofs von Krakau besteigt seit Langem ein Nichtitaliener den Stuhl Petri: Johannes Paul II. Er machte viele „Pastoralreisen" und somit das Papsttum in aller Welt, auch in den Medien, dauerhaft präsent.

1979 konnte die neue lateinische Bibelübersetzung, die Neo-Vulgata, erscheinen und 1992 fasste der Katholische Katechismus die Lehre der Kirche zusammen.

Von zu Hause aus Moraltheologe, veröffentlichte der Papst zahlreiche Stellungnahmen zur kirchlichen Morallehre.

1981 wurde auf dem Petersplatz ein Attentat auf ihn verübt; er erholte sich aber von den Schusswunden wieder gut.

1985

Die „Internationale Theologenkommission" ist der römischen Glaubenskongregation zugeordnet und berät sie in theologischen Fragen. Zwei Jahrzehnte nach dem II. Vatikanum (1962–1965) wurde über die Kirche gehandelt. In diesen Jahren war auch lautstark infrage gestellt worden, dass Jesus eine Kirche gegründet habe. Der Text der Kommission fasst die katholische Lehre über die Kirchengründung zusammen. Die Kirchengründung ist nicht als „Vereinsgründung" zu sehen, sondern sie erfolgt in Stufen. Diese Stufen aber, so glaubt der Katholik, gehören zum göttlichen Heilsplan für die Menschen.

Wie auch immer sich die Einzelheiten darstellen, Kern der Kirche ist zum einen die Einsetzung der Eucharistie und zum anderen das Apostelamt, besonders das Petrusamt.

1.3 Begriff und Ausgangspunkt der Gründung der Kirche

In den Evangelien gibt es zwei Ereignisse, die ganz besonders die Überzeugung zum Ausdruck bringen, dass die Kirche von Jesus von Nazaret gegründet wurde. Es ist zum einen die Namensverleihung an Petrus (vgl. Mk 3,16) nach seinem messianischen Glaubensbekenntnis im Hinblick auf die Gründung der Kirche (vgl. Mt 16,16ff.). Zum anderen ist es die Einsetzung der Eucharistie (vgl. Mk 14,22ff.; Mt 26,26ff.; Lk 22,14; 1 Kor 11,23). Die Logien Jesu, die Petrus betreffen, wie auch der Abendmahlsbericht spielen somit eine hervorragende Rolle in der Diskussion um das Problem der Gründung der Kirche. Trotzdem ist es heute vorzuziehen, die Antwort auf diese Frage nicht mehr allein auf ein Wort Jesu oder auf ein besonderes Ereignis seines Lebens zu beschränken. Denn Jesu ganzes Handeln und seine gesamte Sendung bilden gewissermaßen die Wurzel und das Fundament der Kirche. Die Kirche ist gleichsam die Frucht seines ganzen Lebens. Ihre Gründung setzt die Ganzheit seines Heilshandelns in seinem Tod und in seiner Auferstehung wie auch die Sendung des Geistes voraus. Aus diesem Grunde ist es möglich, im Handeln Jesu vorbereitende Elemente, Fortschritte und Stufen in Richtung auf eine Gründung der Kirche festzustellen.

Das gilt bereits für Jesu Verhalten vor Ostern. Zahlreiche Grundzüge der Kirche, welche erst in ihrem vollen Sinne nach Ostern erscheinen, zeigen sich bereits im irdischen Leben Jesu und finden da ihr Fundament.

1.4 Fortschritte und Stufen im Prozess der Kirchengründung

Die erwähnten Fortschritte und Stufen zeugen schon als einzelne, deutlicher aber noch in ihrer Gesamtausrichtung, von einer bedeutsamen zur Struktur der Kirche hinführenden Dynamik. Der Christ erkennt hierin den Heilsplan des Vaters und das Erlösungshandeln des Sohnes, die den Menschen durch den Heiligen Geist offenbart werden (vgl. LG 2–5). Im Einzelnen kann man die vorbereitenden Elemente, Fortschritte und Stufen wie folgt beschreiben:

– die Verheißung im Alten Testament an das Volk Gottes, die von Jesu Verkündigung vorausgesetzt wird und die ihre volle Heilskraft behalten;

– den großen Ruf Jesu an alle zur Umkehr sowie die Aufforderung zum Glauben an ihn;

– die Berufung und Einsetzung der „Zwölf" als Zeichen der zukünftigen Wiederaufrichtung von ganz Israel;

– die Namensverleihung an Simon Petrus, seine herausragende Stellung im Kreis der Jünger und seine Sendung;

– die Ablehnung Jesu durch Israel und die Scheidung zwischen dem jüdischen Volk und den Jüngern Jesu;

– die Tatsache, dass Jesus selbst bei der Einsetzung des Abendmahls (und in der Hinnahme seines Leidens und Todes) die Ankündigung der universalen Herrschaft Gottes durchhält, die in Jesu Lebensgeschenk an alle besteht;

– die aufgrund der Auferstehung des Herrn erfolgte Wiederherstellung der zwischen Jesus und seinen Jüngern zerbrochene Gemeinschaft und nach Ostern deren Einführung in das eigentlich kirchliche Leben;

– die Sendung des Heiligen Geistes, der die Kirche zu einer wah-

ren Schöpfung Gottes macht („Pfingsten") gemäß den lukanischen Schriften;
- die Sendung zu den Heiden und die Bildung einer Kirche der Heiden;
- der endgültige Bruch zwischen dem „wahren Israel" und dem Judaismus.

Keine Stufe dieses Werdens kennzeichnet für sich allein das Ganze, wohl aber machen alle Etappen zusammen deutlich, dass die Gründung der Kirche als ein historischer Prozess zu verstehen ist, als deren Entstehung innerhalb der Offenbarungsgeschichte. Der ewige Vater hat beschlossen, alle, „die an Christus glauben, in der heiligen Kirche zusammenzurufen. Sie war schon seit dem Anfang der Welt an vorausbedeutet, in der Geschichte des Volkes Israel und im Alten Bund wurde sie auf wunderbare Weise vorbereitet, in den letzten Zeiten gebildet, durch die Ausgießung des Heiligen Geistes offenbart, und am Ende der Weltzeiten wird sie in Herrlichkeit vollendet werden" (LG 2). Zugleich formt sich in diesem Ablauf die grundlegende, bleibende und endgültige Struktur der Kirche. Diese irdische Kirche ist als solche Ort der Sammlung des eschatologischen Gottesvolkes, dergestalt die Sendung fortsetzend, die Jesus seinen Jüngern anvertraut hat. So betrachtet kann man die Kirche „Keim und Anfang der Königsherrschaft Gottes und Christi auf Erden" nennen (vgl. LG 5 und unten Kap. 10).

1.5 Der bleibende Ursprung der Kirche in Jesus Christus

Von Christus gegründet, hängt die Kirche nicht nur in ihrer äußeren historischen und sozialen Herkunft von ihm ab, sondern geht aus ihm in noch viel tieferer Weise hervor, denn er selbst nährt sie und baut sie beständig im Geist auf. Sie entspringt nach der Schrift und nach dem Verständnis der Tradition der geöffneten Seite Jesu (vgl. Joh 19,34; LG 3), sie ist „erworben durch das Blut des Sohnes" (Apg 20,28; vgl. Tit 2,14). Ihr Wesen gründet im Geheimnis der Person Jesu Christi und seines Heilswerkes. So lebt sie dauernd von ihrem Herrn und für ihn.

Diese Grundstruktur kommt in vielen biblischen Bildern unter wechselnden Aspekten zum Ausdruck: Die Kirche ist Braut Christi, seine Herde, Bau Gottes, Tempel Gottes, Volk Gottes, Haus Gottes, Pflanzung und Acker Gottes (vgl. LG 6), vor allem aber Leib Christi (LG 7), ein Bild, das der heilige Paulus zweifellos im Blick auf die Eucharistie entwirft, die ihm im 11. Kapitel des ersten Korintherbriefs den Hintergrund für seine Deutung liefert.

Das gleiche Bild erscheint vertieft im Brief an die Kolosser und in dem an die Epheser (vgl. Kol 1,18; Eph 1,22; 5,23): Christus ist das Haupt des Leibes der Kirche. Der Erlöser erfüllt sie mit seinen göttlichen Gaben; „sie ist sein Leib und seine Fülle" (vgl. Eph 1,22-23), auf dass sie „zur Fülle Gottes hinstrebe und davon erfüllt" werde (vgl. Eph 3,19).

2005

Nachdem Johannes Paul II. nach langer Krankheit verstorben ist, wählen die Kardinäle den bisherigen Präfekten der Glaubenskongregation zum Papst. Kardinal Joseph Ratzinger nennt sich Benedikt XVI. und lehnt sich mit seinem Namen auch an den Mönchsvater Benedikt an.

Seine Hauptakzente setzt er sicherlich auf die Ökumene mit den Ostkirchen und auf eine vertiefte und schöne Liturgie.

Im Jahr 2005, zum Kölner Weltjugendtag, erschien das „Kompendium des Katholischen Katechismus"; Kardinal Joseph Ratzinger war federführend bei diesem Projekt; nach seiner Papstwahl gab er das Buch mit der Apostolischen Autorität heraus.

Das „Kompendium" ist mit Bildern bereichert. Die Ausführungen über die Sakramente zeigen das Triptychon der Sieben Sakramente des flämischen Meisters Rogier van der Weyden (vgl. um 1445).

Der Katechismus deutet dieses Meisterwerk.

Der folgende Text soll unser Werk abschließen: Wir haben die Kirche, die „amica Christi" (Bonaventura), auf ihrem Weg zum Herrn begleitet. In der Kirche treffen wir den Herrn in seiner sakramentalen Gestalt an.

Die Sakramente der Kirche sind die Frucht des erlösenden Opfers Christi am Kreuz. Das Triptychon zeigt eine Kirche, in der die sieben Sakramente gefeiert werden. Alles beherrschend ragt in der Mitte das Kreuz empor. Zu Füßen des Gekreuzigten stehen Maria, ganz erschöpft und von Johannes gestützt, sowie die anderen Frauen. Im Hintergrund erhebt ein zelebrierender Priester nach der Wandlung die Hostie: ein Zeichen dafür, dass in der Eucharistiefeier das Kreuzesopfer unter den Gestalten von Brot und Wein vergegenwärtigt wird. Auf dem linken Feld, das eine Seitenkapelle zeigt, sind die Sakramente der Taufe, der Firmung, die vom Bischof gespendet wird, und der Buße abgebildet; auf dem rechten Feld die Sakramente der Weihe, wiederum vom Bischof gespendet, der Ehe und der Krankensalbung.

QUELLENNACHWEIS

vor 70: Eusebius von Caesarea: Kirchengeschichte. Darmstadt 1981, 131–32; 175–96: Die Apostolischen Väter (hrsg. Hans Urs von Balthasar). Einsiedeln 1984, 50–52 – um 100: Didache (Fontes Christiani, Bd. 1) Freiburg 1991, 133 u.135 – um 110: Die Apostolischen Väter. Einsiedeln 1984, 87–88; 103; 116–117 – 111/112: Peter Guyot/Richard Klein (Hrsg.): Das frühe Christentum bis zum Ende der Verfolgungen. Eine Dokumentation. Darmstadt 1997, 43 – um 165: Texte der Kirchenväter, Bd. 4, 277–278 – 2. Hälfte 2. Jh.: Physiologus (hrsg. Ursula Treu) Hanau 1998,11–13 – Mitte des 2. Jhs.: (wie vor 70) 228–229 – um 215: (wie um 100) 217ff. – 257: Holböck: Das Allerheiligste und die Heiligen. Stein am Rhein 1979, 39–324: Bistum Limburg Eigenfeiern des Stundengebetes 112 - 113 – 328: Stundenbuch, Lektionar I,5, 220 –221 – 348: Cyrill von Jerusalem: Mystagogische Katechesen (Fontes Christiani Bd. 7) Freiburg 1992, 143; 163; 153–155 – 354: Alfons Heilmann / Heinrich Kraft: Texte der Kirchenväter. Bd. 4. München 1964, 194ff; 195–196 – 361 / 362: DH 179–180 – 374: Ambrosius: Über die Sakramente. Über die Mysterien (Fontes Christiani Bd. 3) Freiburg 1990, 209 – 379–395: Joseph Overath: Dem Kranken dienen wie Christus selbst. Frankfurt 1983, 17 – 397: Hugo Rahner: Mater Ecclesia. Lobpreis der Kirche aus dem ersten Jahrtausend. Einsiedeln / Köln 1944, 109–110 – 434: Vinzenz von Lerin: Mahnschrift gegen die Irrlehrer. Kirchen 1972, 10 - 11; 54–56 – 461: Stundenbuch Bd. III, 1141–1142 – 2. Hälfte 5. Jh.: (wie 397) 77 – 1. Hälfte 6. Jh.: Eigenfeiern des Bistums Limburg. Limburg 1994, 88–89 – 529: Gregor der Große: Der hl. Benedikt. Buch der Dialoge. St. Ottilien 1995, 134 u. 137 – 533: (wie 461) 1145–1147 – um 695: Beda der Ehrwürdige: Kirchengeschichte des englischen Volkes. Darmstadt 1997, 457 –458 – 742: (wie 745) 149 – um 830: Paschasius Radbert: Vom Leib und Blut des Herrn (hrsg. Hans Urs von Balthasar) Einsiedeln 1988, 59–60 – 745: Briefe des Bonifatius. Willibalds Leben des Bonifatius (hrsg. Reinhold Rau) Darmstadt 1968, 405–406 – 800: Stundenbuch: Eigenfeiern des Bistums Aachen. Aachen 2005, 75ff. – 804: (wie 397) 62–63 – 845: Adam von Bremen: Bischofsgeschichte der Hamburger Kirche (hrsg. Werner Trillmich) Darmstadt 1961, 203 u. 205 – um 900: Tu es Petrus. Bilder aus zwei Jahrtausenden. Regensburg 2006, 92

– 955: Urbanus Bomm (Hrsg.): Im Hirtenamt Christi. Paderborn 1935, 44–45 – 1038: Bomm (wie 955) 65–67 – 1096: Kein Krieg ist heilig. Die Kreuzzüge. Mainz 2004 – 1102: Bomm (wie 955) 75–77 – um 1120: Ferdinand Holböck: Das Allerheiligste und die Heiligen. Stein am Rhein 1979, 76 – 1122 und 1168: Helmold von Bosau: Slawenchronik (hrsg. Heinz Stoob). Darmstadt 1973, 177ff.; 377–378 – 1125: Gerhard Tonque Lagleder: Die Ordensregel der Johanniter / Malteser. St. Ottilien 1983 – 1143–1146: (wie 1248) 507 u. 565 – 1179: G.L. Müller (Hrsg.: Der Empfänger des Weihesakramentes). Würzburg 1999, 118 – 1179: Ronald A. Knox: Christliches Schwärmertum. Köln / Olten 1957, 111 – 1216: Dominikus: Die Verkündigung des Wortes Gottes. München / Zürich 1989, 149–150; 162–163 – 1226: Die Schriften des hl. Franziskus von Assisi. Werl 1984, 20; 23–24; 123; 77 – 1248: Otto von Freising: Chronik (hrsg. Walther Lammers). Darmstadt 1961, 225 – ca. 1263: Jacobus de Voragine: Legenda Aurea (hrsg. Jacques Laager) Zürich 1982, 238 – 1274: Bonaventura: De reductione artium ad theologiam. V. – 1274: Katechismus der Kath. Kirche. München 1993, Nr. 117 – 1274: Thomas v. Aquin: Summe gegen die Heiden IV, 29 – 1292: (wie 379–395) 36 – 1346–1350: (wie 379–395) 41 – 1380: Caterina von Siena: Meditative Gebete. Einsiedeln 1980, 161–164 – 1389: (wie 379–395) 43 - 44 – 15. Jh.: Ars moriendi (hrsg. Jacques Laager) Zürich 1996, 226–229 – 1464: Das Redentiner Osterspiel (hrsg. Hartmut Wittkowsky) Stuttgart 1975, 215–217 – ca. 1480: Die älteste deutsche Gesamtauslegung der Messe (Corpus Catholicorum, Nr. 29) Münster 1967, 142; 151; 153; 154 – 1503: Kirchenfürsten und Intriganten. Hofnachrichten aus dem Tagebuch des Johannes Burcardus, des päpstlichen Zeremonienmeisters bei Alexander VI. Borgia. Zürich 1985, 90–91; 108; 173; 212 – 1516: Erasmus von Rotterdam: Ausgewählte Werke, Bd. 3. Darmstadt 1995, 37; 199; 463 – 1520: (wie 1179) 455–456 – 1524: (wie 1516; Bd. 4) 215; 265; 251; 249; 335; 373; 509 – 1532: Barbara Blarrer (Hrsg.): Die Briefe des Sir Thomas More. Einsiedeln / Köln 1949, 98; 110; 206–207 – 1537: Die Bekenntnisschriften der evangelisch lutherischen Kirche. Göttingen 1998, 416–417; 427–428; 461–462 – 1555: Petrus Canisius: Der Große Katechismus. Regensburg 2003, 120–121; 122–124 – 1563: Der Heidelberger Katechismus. Bielefeld 1996, 44–45 – 1563: DH 1776–1778 – 1631: Clemens Burchhardt (u.a.): Bistum Verden 770 bis 1648. Straßburg 2001, 57 – 1649: Friedrich Spee: Trvtz - Nachtigal. Stuttgart 1985, 292–293; 295 – 1680:

Waltram Roggisch: Duns Scotus. Stein am Rhein 1984, 61 – 1719: Anonymus: Traktat über die drei Betrüger, Hamburg 1992, 75 u. 77 – 1765: O. Hellinghaus: Die kirchlichen Hymnen in den Nachbildungen deutscher Dichter. Mönchen-Gladbach 1919, 238 ff. – 1766: Friedrich der Große: Historische, militärische und philosophische Schriften. Gedichte und Briefe. Köln 2006, 431; 433; 439–440 – 1815: Walter Nigg: Große Heilige. Zürich 1974, 483–484 – 1824: Das bittere Leiden unseres Herrn Jesu Christi (Hrsg. Clemens Brentano). Regensburg 1912, 90ff. – 1832: Johann Michael Sailer: Geistliche Texte (hrsg. Konrad Baumgartner). München / Zürich 1981, 66; 90; 91 – 1840: Eigenfeiern des Bistums Aachen. Stundenbuch. Aachen 2005, 71ff. – 1845: John Henry Newman. Auswahl und Einleitung von Walter Lipgens. Frankfurt / Hamburg 1958, 113ff.; 136ff. – 1860: NR 303; 309–313 – 1876: Gebet – und Gesangsbuch für das Erzbistum. Köln 1949, Lied 314 – 1910: NR 60–70 – 1915 - 1922: Tod im Namen Allahs. Die Ausrottung der christlichen Armenier. Aachen 2005, 73–76 – 1924: Gertrud von Le Fort: Hymnen an die Kirche, München 1961, 26–27 – 1925: Kath. Katechismus für das Erzbistum Köln. Düsseldorf 1925, 29 – 1933: Kardinal Michael Faulhaber: Judentum, Christentum, Germanentum. Adventspredigten. München o. J. 79–80; 96–97 – 1934: Dietrich von Hildebrand: Memoiren und Aufsätze gegen den Nationalsozialismus 1933 - 1938. Mainz 1994, 237; 238 und 239 – 1935: Wilhelm Corsten (Hrsg.): Kölner Aktenstücke zur Lage der katholischen Kirche in Deutschland 1933–1945. Köln 1949, 58–59 – 1937: Josef Teusch: Versagt die Kirche? Köln 1937, 27; 28–30 – 1945: (wie 1935) 316–319 – 1968: Papst Paul VI.: Das Credo des Gottesvolkes. Leutesdorf 1968, 19 – 21; Lebensbericht, 270–272 – 1969: Alfons Kraus: Für einen gefallenen Engel beten sie nicht. Die Kath. Kirche und ihre verheirateten Priester. Oberursel 1989, 66–68 – 1978: Albino Luciani: Ich glaube. Gedanken zum Credo der Kirche. Graz 1997, 33 – 1985: Internationale Theologenkommission: Mysterium des Gottesvolkes. Einsiedeln 1987, 18–22 – 2005: Kompendium: Katechismus der Kath. Kirche. München 2005, 102.

WEITERE SCHRIFTEN DES VERFASSERS ZUR KIRCHENGESCHICHTE:

Einführung in das Studium der mittleren und neueren Kirchengeschichte, Frankfurt / Bern 1979

Joseph Ignaz Ritter (1787 – 1857). Sein Wirken als Kirchenpolitiker und seine Bedeutung als Kirchenhistoriker. Frankfurt / Bern 1979

Dem Kranken dienen wie Christus selbst – Dokumente zum christlichen Verständnis von Krankheit und ihrer Pflege in Geschichte und Gegenwart. Frankfurt / Bern 1983

Kirchengeschichte: Orientierungshilfen. Standpunkte. Impuls für Heute. Frankfurt / Bern 1987

Mehr als nur Jahreszahlen. Vom Wert der Kirchengeschichte für die Seelsorge. Abensberg 1991

Echo der Person. Skizzen zu einer Geschichtsphilosophie. Abensberg 1995

Sein ist die Zeit und die Ewigkeit. Versuch einer heilsrealistischen Geschichtsdeutung. Abensberg 1999

Erst Deformation, dann Reformation? Zwischen Kircheneinheit und Glaubensspaltung. Siegburg 2003